大展好書　好書大展

實用女性學講座 7

拆穿
女性謊言88招

島田一男／著
吳 秋 嬌／譯

大展出版社有限公司

前言

昔日，我與一位熟識的心理學前輩小酌時，他笑著對我說：「先生，你長時間在女校服務，人格上多少會有些變態，你可要小心些！」他的解釋是女性會不斷地釋出一種「放射線」的物質，每天沐浴在如此多量的「放射線」中，不僅是人格，甚至連步行方式都會變得女性化。

從此以後，我就儘量減少留在學校的時間，傍晚時分，就趕緊回家。並養成一種習慣，亦即先到酒吧把「放射能」洗淨後再回家。前輩的話是否可信，我並不知道，但應該也有幾分的道理，「真實往往被隱藏」，或許前輩所説的都是事實吧！

某日，我又聽到這麼一則事情。我的朋友服務於另一所女子大學。有一次，他和一位女教授邊聊邊走向車站。兩人上了車之後，話題始終沒有間斷。到了我的朋友該下車之前，話題仍然無法告一段落。於是不知不覺地，他又和那位女同事共乘三十分鐘的車程。終於女方該下車了，她很爽快地說了一聲「就這樣嘍！再見」，然後下了車。

原本他以為自己能和對方同時下車，再到車站前的咖啡店喝杯咖啡，繼續閒聊下去，沒想到女方竟然毫不猶豫就下了車。對於自己的愚蠢，他苦笑了一下。

說也奇怪，那位女同事明明知道他已經坐過站了，竟然也不催促他下車，繼續天南地北地聊個不完。

這樣的故事，在當今的社會應該也是屢見不鮮！同時，我又從另一位朋友口中聽到下面的一段話：

某日，一位女性請我的朋友幫忙找工作，但是始終沒有著落，就在他感到焦慮時，女性主動來電約他一起吃飯，並且想聽聽他幫忙找工作的經過。於是，他就趁此機會向她道歉。

幾天後，女性又請他代找工作。個性認眞的他，果真四處為她打聽工作的機會。但是女性卻告訴別人說：「那個人找個工作一直拖拖拉拉的，還不是想讓我多請他吃幾頓飯。」他知道這件事後，十分的懊惱。

在我們這個年代，有個不成文的規定，那就是不論如何，也不能讓女性請客。因此，心地越好的人，越是有過這種被女性困惑的經驗。

此外，根據字典的解釋，娛樂的「娛」字中的「吳」，是語的意思，亦即與女性說話是件快樂的事情，故有「娛樂」一詞產生。年輕男子只要有美女主動和他說話，就會備感榮幸，但是，問題在於說話的內容。就如前述朋友的例子一般，雖然女性三番兩次地主動找他說話，但最後還是自己倒霉。

昔日是個男性本位的社會，即使男人言語過份，女性也只有忍耐的份。不過，現在女強人輩出，不少女性握有主導權。尤其是年輕的男性，往往面對同年層的女性時就顯得格外的柔弱，總是無法應付女性的「謊言」。

也許我舉的例子過於獨斷與偏見，但是或許能夠幫助讀者躲開女性言語的利劍，看穿女性話中的本意吧！

島田一男

目錄

前　言……三
第一章　拆穿女性撒嬌的謊言
——獻給被騙而渾然不知的您
1　如果執著於女性的一句「我從以前就一直很喜歡你」，那麼你就會成為一個惹人討厭而被拒絕的男人……一八
2　女性第一次約會大方的表現令你竊竊自喜，但是第二次的約會很可能就泡湯了……二〇
3　如果只為女性的一句「你真有包容力」而沾沾自喜，那麼你一輩子都得忍受她的胡作非為……二二
4　如果只因為女性的一句「你開車的技術真棒」就得意，那麼你這一生就會被當成司機而供她使喚……二四
5　向來冷落你的女性突然變得在意你時，也正是你準備落入她的圈套的

時候……二六
6　如果因為女方說「只要你喜歡就好」而高興不已，那麼你即將面臨被拋棄的命運……二八
7　女性經常為了一些無聊的小事打電話給你，則可能是準備對你提出分手要求的警告訊號……三〇
8　當女性說「我想擁有和你一樣的嗜好」時，你可能就成為她免費的教練並要代付遊樂費用……三二
9　如果因為女性有事相商而自以為足以依賴，那麼你可能會自投羅網……三四
10　別因為女性說「算命先生說我們八字很合」而高興，你所遇到的可能是一位個性難纏的女性……三六
11　別因為女性向你保證「絕對保密」而說出秘密，否則翌日你將成為衆人茶餘飯後嘲弄的對象……三八
12　當你因為女性自稱認識某位名人而要求代為引見時，最後你會發現那是一個漫天大謊言……四〇

第二章　拆穿女性得不到手的謊言

——獻給二次受騙仍不自知的您

13 勿因女性的攻擊口吻而生氣，否則你將看不見其背後的好意，失去說話的機會……四四
14 勿因女性暗示另有其它追求者而展開追求攻擊，這是最愚蠢的行為……四六
15 當你因女性表示「戀愛和結婚是兩回事」而和她大談戀愛時，總有一天你會面臨被對方逼婚的命運……四八
16 當你因女方以「忙碌」為由拒絕你的約會而放棄時，她會認為你是個薄情男性而把你甩掉……五〇
17 為女性一句「我們將有一段時間無法碰面」而心慌意亂的話，只會落得平白浪費時間和金錢的下場……五二
18 勿因女性說「你很髒」就以為她討厭你而打退堂鼓，否則你將眼睜睜地失去得到好女人的機會……五四
19 任由女性以父親當作擋箭牌，只會使其更加任性、放肆……五六
20 當你被女性有條不紊且快速的說話方式搞得頭昏腦脹時，往往會忽略其話語背後的謊言……五八
21 若因女性經常在你面前誇獎另一名男性而愁眉苦臉，原該是你的女性會落入他人懷抱……六〇
22 不斷吹噓自己家世的女性，性格上必有其低劣之處……六二

23 勿因女性表現豪放而與之發生關係，否則你可能會因對方是處女而被迫結婚……六四
24 當女性對某個男性的態度突然變得冷淡而你卻毫不在意時，你將會是最後一個知道她和那名男性走在一起的人……六六
25 勿因女性一句「我不注重外表」而喜形於色，否則將被視為「遲鈍的男人」……六八
26 約會時因女性動輒生氣而心慌意亂，你將必須付出「過多的服務」……七〇
27 說話喜歡咬文嚼字或夾雜洋文的女性，交往後常因其缺乏教養而令人生厭……七二
28 對女性在你面前稱許前任男友而表現得無動於衷時，將會喪失求愛的最好機會……七四
29 如果把女性所說「〇〇〇就不行」的話當真，你永遠不會知道她要說的其實是「×××就行」……七六
30 別以為長年穿著牛仔褲的女性不崇尚流行，婚後你會發現她們其實是高級服飾的擁護者……七八
31 因受不了女性的「惡劣性格」而提出分手，可能正好中了對方的計……八〇
32 當女性表示「你的缺點扼殺了我對你的愛」時，小心她把分手的責任

推給你……八二
33 別將女性「我們就到此為止」的話當真，否則你將被倒打一耙，成為對方口中「冷酷無情的男人」……八四
34 勿因女性表示「喜歡相親結婚」就自動放棄，否則你將無法說服對方而落得必須相親結婚的命運……八六
35 對妻子將你視為「礙眼的垃圾」甘之如飴，只會助長惡妻的氣焰……八八
36 因交情不深的女性一句「我真搞不懂你」而困擾時，將會喪失說服對方的機會……九〇
37 對女性的「反對意見」太過認真時，她會認為你膽小而加以鄙視……九二
38 因女性表示「僅此一次」就信以為真與她共渡一夜，很可能會被她糾纏一輩子……九四

第三章 拆穿女性的謊言
——獻給三度被騙卻仍看不透的您

39 如果因女性的稱讚而洋洋自得，你將成為她們背後批評的對象……九八
40 如果因女性表示「男人不是只有臉孔」就心花怒放，恐怕正是你破財消災的時候……一〇〇

41 如果因女性表示「願意跟你到天涯海角」而深受感動，小心有一天被她反將一軍……一〇二
42 原本與你親密的女性突然變得客套時，通常表示她已經變心了……一〇四
43 只因年紀比你小一輩的女性說「年齡不算什麼」而為其所迷，有一天你會為她耗盡所有……一〇六
44 當女性表示不在乎你的缺點而你信以為真時，你可能必須為此付出更大的代價……一〇八
45 當你因為女性保證「沒問題」而把工作交給她時，最後你會發現當初的決定是錯誤的……一一〇
46 欣然接受女性的大獻殷勤時，你將無法拒絕她所提出的強人所難的要求……一一二
47 如果你因女性被其密友極力吹捧而信以為真，恐將錯失對方不欲人知的過去機會……一一四
48 如果你因女性表示不計較你的過去而鬆了一口氣，那麼有朝一日你也必須原諒她的出軌行為……一一六
49 你以為凡事都幫丈夫打點得妥妥貼貼的賢妻，或許正隱藏著天大的秘密……一一八

50 聽信女人的謊言而誤以為她熱愛家庭時，婚後你會發現她每天都在抱怨……一二〇
51 如果你以為女性在你說明時點頭就表示她真的瞭解，稍後你將必須負責為她收拾殘局……一二二
52 因女性表示「頭一次這麼喜歡一個人」而自鳴得意時，不久她可能會以「從來沒有這麼討厭過一個人」為由要求分手……一二四
53 如果因女性告訴你其他女同事對你有負面批評而垂頭喪氣，那你就中了對方的詭計……一二六
54 如果你因女性突然對工作熱心而放心地把新工作交給她，有一天你會因她中途改變心意而手足無措……一二八
55 當你因為女性表現得有如聖女而放棄非份之想時，有一天你會發現自己吃了暗虧……一三〇
56 如果你答應讓女性分攤出遊費用，今後恐怕很難再約到她了……一三二
57 當你以為女性說「婚後還要繼續工作」是認真的時，婚後你會發現她只想當個家庭主婦……一三四
58 如果你以為在你低潮時來安慰你的女性是真的關心，你的弱點將會成

為她手中的王牌……一三六
59 當女性說「我再打電話給你」而你信以為真時，你不僅等不到對方的電話，還會被視為遲鈍……一三八
60 如果你為女性表示「我是為你而精心打扮」感到高興，你將無法認清她已移情別戀的事實……一四〇

第四章　拆穿乖戾女性的謊言

——獻給四度受騙仍不知有所警戒的您

61 當你因女性自嘲太傻而屈服時，就表示你必須承擔一切失敗的責任……一四四
62 如果你因女性流淚而驚慌失措，那麼你就必須滿足她的一切要求……一四六
63 勿因女性臨時說不而放棄，否則你將被判永遠出局……一四八
64 女性說「我被男人拋棄了」而你信以為眞時，或許有一天你會成為被拋棄的那個人……一五〇
65 當女性表示「那個女的討厭我」而你信以為真時，小心捲入女人的戰爭裡面……一五二

66 當女性誇大其小缺點而你信以為真時，你將喪失發現她最大缺點的機會……一五四
67 當你因女性自責而表示同情時，反而會助長其氣燄……一五六
68 當女性表示身體不適而你為她擔心時，那你只能一輩子對女人言聽計從了……一五八
69 勿因女性抱怨在工作上受到差別待遇而表示同情，否則有一天她會把自己的工作賴到你身上……一六〇
70 當女性表示不喜歡大排場而信以為真時，結婚時你可能會有一個豪華婚禮……一六二
71 如果相信女性酒過三巡所說的話，那麼你將會一直被她牽著鼻子走……一六四
72 當你因女性「心情不好」而以請吃飯來為她打氣時，或許吃完飯後她就逃之夭夭了……一六六
73 女性在婚禮前夕主張「取消婚約」而你信以為真時，將會在雙方家長之間引起大騷動……一七〇
74 如果因女性連聲道歉而原諒了她，有一天你會吃了對方的暗虧……一七〇

75 如果對女性矮化自己優點的話表示同感，你將成為對方口中「令人討厭的男人」……一七二
76 勿因女性表示「近來運氣很差」而寄予同情，否則你便無法對其懶散表現提出批評……一七四
77 如果你聆聽女性一連串的道歉，最後你會發現她的目的只是為了推卸責任……一七六

第五章　拆穿害羞女性的謊言

——獻給數度受騙仍不知覺醒的您！

78 如果以為女性對性根本不感興趣，你或許根本無法滿足對方的性需求……一八〇
79 首次提出邀約被拒就打退堂鼓的男性，恐怕一輩子也得不到女性的青睞……一八二
80 勿因首次約會的女性帶著女友一塊兒出現而退怯，否則你將失去追求對方的機會……一八四
81 如果對女性從來不提及朋友等事情不以為意，你將無法得知她的謊言

、過去和秘密……一八六
82 當你附和女性對同性的讚美時，對方可能會認為你「品味太差」……一八八
83 如果你以為穿戴名牌的女性就是「富家千金」，那麼會發現自己錯得離譜……一九〇
84 當女性表示自己嘴拙而你信以為真時，稍後會發現她的談話內容十分乏味……一九二
85 當女性表示「再等一下」而你乖乖聽命時，或許你將必須永遠等下去……一九四
86 如果以為老是跟同一個女性不期而遇是命運的安排，那麼你就錯了……一九六
87 如果因女性對你的愛的告白感到「困惑」而灰心，你將被對方視為沒有膽量的男人……一九八
88 如果對女性不該有的失敗處之泰然，你將陷入對方設下的測試網中……二〇〇

第一章

拆穿女性撒嬌的謊言

——獻給被騙而渾然不知的您

1 如果執著於女性的一句「我從以前就一直很喜歡你」，那麽你就會成一個惹人討厭而被拒絕的男人

井上靖先生的名著『冰壁』，是描述一位登山青年愛上漂亮的有夫之婦而結下一夜之情。以前，他就一直暗戀著對方，雙方發生關係之後，他更是對她迷戀。因擔心東窗事發，女性毅然決然地離開那位青年。

多情的青年始終無法忘懷，某日終於忍不住而前去女方的家，訴說道：「那一夜妳不是說妳很愛我嗎？」女子的回答是：「當時我的確是愛你的，但是現在我的想法變了。」青年純純的愛遭到女性的背叛。

兩人結合時，口口聲聲都是愛，但是到了第二天，女性的態度有了一百八十度的轉變。對於純情的青年來說，他實在無法接受對方是個如豹那般善變的女性。他將那一夜女性對他表示的愛意深深地藏在心底。但對一個偷情的女性而言，那只不過是一個使其行為正當化的謊言罷了。

身為人妻而與其他男子偷情，當然她會有一種罪惡感，因此，會以「愛」做為告白，找個理由讓自己的行為正當化，逃脫罪惡感。總之，這只不過是給自己背叛丈夫的行為找個謊言使其合理化罷了。因此，天明之後，她能夠若無其事地漠然待之。儘管她說：「當時我的確是愛你的。」但是這與在無意識中說謊並沒有兩樣。

女性在與男子發生初夜情時，為了不讓對方認為自己的輕浮，她也會為自己的行為找出各種理由。

典型的例子是「我從以前就一直很愛你」，將自己剎那間的性衝動，找個理由予以正當化，告訴自己說：「我長時間以來，就一直深愛著他。」

因此，對於女性的「愛的告白」，尤其是訴說從以前就一直對你有好感的告白，更是要注意。兩人經由長期交往而發展為肉體關係時所提出的「愛的告白」，或許還值得一信，但如果你相信「那一夜的告白」，那麼下次你勢必會嘗到被拒絕於千里之外的後果。

●如果女性說：「我從以前就很喜歡你。」通常這只是「事前」的告白而已。

2 女性第一次約會大方的表現令你竊竊自喜，但是第二次的約會很可能就泡湯了

我長年來與女學生接觸，不得不承認男女的確有很大的差異。例如，對於喜怒哀樂的感情表現方式，男女確實有別。

根據我的經驗，在期末考時，男生如果不會寫，則一眼就可以看出，但是，女性就未必如此了。有一次，考完試後，我看到一位女生大聲地喧嘩，我心想「她剛才一定考得不錯吧！」但事實不然。亦即當女孩心中有不安的狀態時，她會按捺不住，而為了要忘掉這個不安，她會撒謊。像這種撒謊，並非她們有意要欺騙男性，但卻會惹來一些誤會。當雙方交往時，由於不了解女性這種獨特的心理，所以很容易造成失敗。

我曾耳聞這麼一件事。某位男性百般邀約自己所喜歡的一個女孩子，最後能夠如願以償地得到第一次約會的機會。由於這是有點勉強的邀約，因此男性對於這次的約會不具信心。但是很意外的，女性在約會的過程中，始終表現得落落大方，男性因此而以為女性對自己深

當女性表現得興奮過了頭時，通常表示她對男性懷有戒心。

具好感，內心無比的興奮。不過，第二次的約會，卻遭女方斷然的拒絕。

此例與前例相比，並不會讓人感覺意外，這顯示讓女性自始至終都不喜歡那名男子。任何女性，與異性第一次約會時，內心多少會有點不安，且懷有戒心。為了掩飾內心的不安與戒心，她會佯裝活潑大方。

在相親的場合亦然，如果女性自始至終都戒懼戒慎，則多半是對對方頗有好感。但如果她從頭到尾都表現得活潑大方，則事後男性被拒絕的可能性極高。

●如果女性對男性有好感，則在第一次的約會中多半會採取謹慎保守的態度。

3 如果只為女性的一句「你真有包容力」而沾沾自喜，那麼你一輩子都得忍受她的胡作非為

某女性雜誌會定期舉行「理想男性」的調查，每次排行榜首的一定是「有包容力的男性」。不僅是年輕女性，即使是以三十、四十歲的女性為調查對象，答案也是一樣的。換言之，不論是已婚或未婚的女性，他們都希望男性要有包容力。

但是，「有包容力的男性」，畢竟是比較抽象的理想形象。當我問一些年輕的OL，什麼樣的男性才算是有包容力的男性時，她們的回答是「對女性好的人」、「體貼的人」、「不會因爲妳做錯事而斥責妳的人」，亦即能夠包容女性各種缺點的男人，百分之百接受妳的男人，就是所謂「有包容力的男性」。不論是包容力或體貼，這些都是冠冕堂皇的字眼，但並不見得就代表能答應妳任何一切自私的要求。

儘管如此，但在這個世間又有幾個男人是符合女性理想的有包容力的男人呢?亦即理想終歸是理想，在現實中，這種具有包容力的男性可說是微乎其微。

女性會對眼前的男性做出這個暗示，希望對方能夠認可自己的任意妄為，在這時候，她們會經常使用「你真有包容力啊！」這麼一句無心的謊言。被女性這麼一說，多數的男人都真的以為自己是具有包容力的人，對女性的許多妄為都採睜一隻眼閉一隻眼的姑息態度。就這樣的，女性的目的得逞了。

其實，如果女性真的認為對方是「有包容力的男人」，她就沒有必要老是將這句話掛在嘴上。「有包容力的人」、「溫柔的人」、「值得信賴的人」，這都是女性慣用的標籤。女性的這些話語是否可信呢？

這只有在女性做了一些不可原諒之事，而男性依然溫柔地原諒她時，才能夠知道其是否可信。在未遇到「事件」時，女性任意地將標籤往男性身上一貼，其主要目的是在暗示對方的性格能夠符合她的要求，亦即一種具有暗示作用的謊言罷了。

●唯有出現雙方可以互相接受的「事件」時，女人對男人的尊崇言語才足以信之。

4 如果只因為女性的一句「你開車的技術真棒」就得意，那麼你這一生就會被當成司機而供她使喚

擁有豐富男性經驗的女性，認為男性是很容易被駕馭的動物。只要女性美言幾句，男性什麼事都肯為她做。的確，對於女性的慫恿，男性的抵抗力似乎十分的微弱，很容易就中女性的圈套。在酒廊，只要女性對男性說「你的領帶真有品味」，男性一定會沾沾自喜，舉酒乾杯為敬。

我有一位朋友，新婚期間，他的老婆稱讚他所作的料理一級棒，此後，他就認為自己擁有相當好的烹飪手藝，只要是休假日，一定是老公掌廚。

女性對男性的讚美，並非都是有居心的，也有一些是出自內心的讚美。

那麼要如何加以分辨呢?拆穿謊言的關鍵之一，就是她所讚美的事物與男性的價值並沒有什麼關係。

如果女性對男性說：「你開車的技術真棒！」男性可不要馬上信以為真，也許最近這名

女人認為讚美是操縱男人的「秘密武器」。

女性要搬家，而正在尋覓一名司機也說不定呢！

但是，如果女性對男性說：「你不但工作能力強，而且開車技術也是一流。」這時，她是真的在稱讚男性了。

對於女孩子的話語，如果你無法掌握其本意，那麼這一輩子你可能就會淪為司機而供她使喚了。

●女性在稱讚男性開車技術優良的同時，也要稱讚男性其他的優點。

5 向來冷落你的女性突然變得在意你時，也正是你準備落入她的圈套的時候

向來說話毒辣的英國劇作家巴拿德蕭，他有一段有名的插曲。當時肉體派的名女演員伊莎杜拉丹康對他說：「如果我們兩人能夠生出有你的頭腦和有我的肉體的孩子，那該是多麼美好的事情。」這時，巴拿德蕭笑著對她說：「小姐，如果我們生出的是有妳的頭腦而有我的肉體的孩子，那又是何等不幸的事啊！」他對丹康的嫌惡之情，並未直接地表現出來，而是採幽默的表現方式，堪稱是諷刺劇的精華。

所謂的諷刺，是不直接表示對對方的反感或敵意，而是利用討喜的方式來加以表現，這也是舞台劇中經常使用的手法。

在舞台劇中，男人比女人更經常使用「笑裡藏刀」的方式。昔日認為「男人要有膽量，女人要有嬌媚」，但是女人的嬌媚並非一定都是善意的。也就是說，女人外表的嬌媚中，往往隱藏著謊言。

例如，向來認為八字與你不合的女同事，某日突然對你溫柔體貼，為你倒茶，這時，你可能會以為「她終於了解我的價值了吧」。

事實上，這只是你一廂情願的想法罷了。這時候，她外表的溫柔往往埋藏著謊言，甚至對於對方的敵意或攻擊傾向更為高漲。換句話說，為了不讓對方看清自己對他的敵意與反感，故意地自我壓抑，做出討好的表現。

原本女性就是執著心強烈的動物，一旦對男性產生敵意，則除非是存在類似像肉體關係這般強烈的契機，否則她是很難改變情緒的。因此，向來對你冷淡的女性，如果毫無來由地突然對你溫柔，那麼這正是她對你懷有更深敵意的表現。

另外，當女性想隱藏心中的陰謀時，也會向對方示好。例如，她在上司面前中傷你，但為了逃避責任，會百般地對你溫柔。

●唯有發生像肉體關係等這種強烈的「事實」，才有可能讓女方回心轉意。

6 如果因為女方說「只要你喜歡就好」而高興不已，那麼你即將面臨被拋棄的命運

當男女在選擇電影或戲劇時，女方經常說：「只要你喜歡就好。」感覺主導權在於男性，同時也是雙方感情達到最高點的表現。

例如，相愛的男女經過交往，當女方帶著滋潤的雙眼、感性的口吻對男性說「只要你喜歡就好」時，相信男性一定會感動萬分，因為你會以為女性將全部都委交給你，全盤地信賴你。而身為男性的你，也可能因為對方美女的這麼一句台詞，讓你感覺自己有如電影中男主角那般地富於氣魄。

但是，很遺憾的是，在現實社會中，女性會對你說出這麼一句話時，可能是已經開始對你厭煩而想要擺脫你的時候了。例如，男女雙方一起去看電影，男性問女方：「妳想要看哪一部？」而女性的回答是：「只要你喜歡就好。」

這時，如果男性以為她是那麼地依賴你，那可就大錯特錯了，與其認為她是那麼地依賴

你，倒不如認為她覺得與你看電影是很無聊的事，看什麼都無妨。

原本女性對於自己的喜好是很執著的，如果她很想和你一起看電影，她也會發表一些意見，例如「我喜歡看愛情文藝片」或「我最討厭看怪力亂神的電影了」等。

因此，如果她對於看電影的事都不表意見的話，就很可能是不想與你在一起做任何事了。換言之，她說「只要你喜歡就好」，是一種假性的順從，她的本意是「我對你所說的話沒興趣，你自行決定好了」，或「拜託你不要再來煩我了」。

如果你不能夠拆穿這種謊言，反而認為「她叫我做決定，那麼她一定是很喜歡我嘍！」而自以為是，那麼最後可能會落得你在電影院門口被放鴿子的下場了。

●對於自己真正喜愛的男性，女性會高興地表達自己的喜好與意見。

7 女性經常為了一些無聊的小事打電話給你，則可能是準備對你提出分手要求的警告訊號

某位母親曾告訴我這麽一件事。某日，住在東京的女兒突然打電話向母親報平安，讓母親感到很欣慰，後來才知道女兒這麽做，只是為了掩飾與男性同居的事實罷了。女性經常為了要掩飾一些事情，而會採取一些積極、主動的戰略。昔日「沒有消息就是好消息」的說法。一旦有反常的舉動，多半也是為了要隱瞞某些事實。

不僅是親子之間，這也是男女之間女性慣用的手法。某位男性，他的女朋友經常為了一點芝麻綠豆大的小事打電話給他，他以為女性很依戀他，因此而沾沾自喜。電話的內容不外乎是「你上次說有一本書很棒，書名是什麽呢？」、「我們上次一起去吃的那家餐廳，店名是什麽呢？」等等的小事。

最初男性不以為意，但因為對方一再地打電話來問這些無聊的事情，終於讓男性起疑，追問之下，才知道女性已另結新歡。

女性不斷致電給你，只是為了掩飾她正在「暗渡陳倉」的行為。

乍看之下，這是很聰明的撒謊手段，但是仔細思考一下，會發現其實這是很幼稚的方法，只不過在面對女性時，男性就喪失了思考力。尤其是在電話中，看不到對方的表情，因此女性的這種手段往往能夠得逞。

另一方面，如果女性是真的愛對方時，那麼她不會刻意去找一些無聊的話題，而會說：

「我打電話來，只不過是想聽聽你的聲音罷了。」

●女性如果愛男性而想聽聽對方的聲音時，不會打電話去問一些無聊的事情。

8 當女性說「我想擁有和你一樣的嗜好」時，你可能就成為她免費的教練並要代付遊樂費用

一般女性對某位特定的男性有好感時，通常都希望自己能與對方一起做任何的事情。藉由與自己所愛的男性採取共同的行動，而能夠產生一體感，這也是女性特有的行動模式。因此，女性會對男性的興趣表示關心，願意陪他去登山或釣魚。

不過，如果女性說：「我也想擁有和你一樣的嗜好，請你教我。」則通常並非單純地只是希望與男性一同行動，乃是別有心機，想從男性身上撈到一點便宜。

我從以前公司的男同事那兒聽到這麼一件事。他唯一的興趣就是打高爾夫球，後來認識一位女性，女性對他說：

「我希望婚後能夠和你一起享受打高爾夫球之樂。」

男性信以為真，此後每逢假日，就帶著她一起前往高爾夫球場，親自當她的教練，同時也花了一筆錢買高爾夫球裝和球具送給她。當這名女性的球技到達某一階段時，態度開始有

了一百八十度的轉變，頭也不回地離他而去。換言之，這名女性一開始就存有搭便車的心態，打著免費吃喝玩樂的如意算盤罷了。

其實，有些男性在中途就發現女性的企圖，只不過考慮到前面無謂的投資，而不願中途打住，這也是男性的弱點，同時也使得女性有機可乘。

那麼，男性要如何避免吃這種悶虧呢？首先就是要判斷女性是否真心想要培養與男性共通的嗜好。這時的判斷基準是女性付費的情形。

在本例子中，如果女性要求自付費用，則表示她是真的想與男性配合，創造共同的嗜好。反之，如果她若無其事地任由男性負擔一切的費用，那就表示她只是想白吃白喝罷了。

●如果女性是真心要培養與男性共同的嗜好，則通常她會要求自付費用。

9 如果因為女性有事相商而自以為足以依賴，那麼你可能會自投羅網

男性是很容易自滿的動物。一旦女性有事找自己商量，就會以為「她可能是喜歡我吧！」而自鳴得意。

的確，妙齡的女性有事找你商量，可能是因為她信賴你，這是値得你驕傲的。不過，如果是交情頗深的女性，那倒是沒問題，但若是交往不深的女性有事找你商量，那極可能是個藉口，你可能即將成為她的囊中物。

例如，公司的女同事對你說：「不知你下了班是否有空，我有事想和你商量一下。」其實，她可能是想透過你幫忙介紹其他的男同事與她交往。更極端的例子是，男性熱心積極地幫女性的忙，結果自己卻陷入進退維谷的窘態中。

評論家鹽田丸男先生，在其著書中有如下的描述：

某公司的營業科長與公司的女同事發生肉體關係，從此，兩人就經常享受魚水之歡。某

日，女同事告訴對方她挪用了公款。科長在震驚之餘，也害怕因為此事而使兩人的關係暴露，弄得自己身敗名裂。於是他賣了股票，替女性償還那筆公款的費用。不久之後，女性就向公司辭職，帶著對方給她的那筆錢到歐洲旅行去了。

原本挪用公款一事乃是藉口，男性上了她的當。

當然，像這種心狠手辣的女性並不多見。不過，當女性有事找你商量時，還是要考慮一下她是否別有用心。女性原本就是警戒心很強的動物，不可能任意地對別人訴說自己的煩惱或比較深入的問題。即使真的有事想找人商量，對方也一定是個人生閱歷豐富的長輩，甚少會找同輩異性來商量。

●通常女性不會找同輩的男性商量事情。

10 別因為女性說「算命先生說我們八字很合」而高興，你所遇到的可能是一位個性難纏的女性

儘管這是一個科技進步、太空梭已經進入宇宙的時代，但是很多人仍然相信迷信與占卜。不僅是女性，連男性也相信星占術，不過，還是以女性占大多數，在女性雜誌上，經常可看到各種占卜術，例如，血型、星座、花、撲克牌、姓名學占卜等，甚至介紹名人的手相，深受女性讀者的注意。

最近，常常可以看到有小學女生手裡拿著太陽花，一邊摘掉花瓣一邊唱著：「Do、Re、Me、Do、Re、Me」。我問她們在做什麼？所得到的答案是，如果摘到最後一片花瓣時唱的是Do，就表示妳要「一輩子單身」，如果最後一句唱的是Re，則表示妳將「戀愛結婚」，但如果是Me，則表示妳將「相親結婚」。由此可知，女性喜歡算命可說近乎是一種天性。

為什麼會如此呢？相關的說法很多，但我認為那是因為女性的人生，比男性更容易受

「運」所擺佈。也就是說，人生主要是掌握在命運手中，有關自己是不是一個天生的美人胚子，將來能不能遇到一個好的男人等等，都不是光靠自己的能力或努力就能如願以償的。正因為如此，女性比男性更熱中於「知道未來」。

或許是受到媒體的影響吧?!近來熱中於算命的人愈來愈多，尤其是女性，更是經常把血型、星座等掛在嘴邊。當女性太過熱中於算命時，最好多加注意，千萬不要單純地將其視為一種女性傾向。

很多女性常常以「我是B型的，所以個性比較不拘小節」或者「我是女孩子，又是屬於獅子座，個性當然比較兇一點」為由，企圖藉由血型，星座使自己性格上的缺陷或自己的不夠努力變成理所當然。也就是說，明明是自己性格上的缺點或不夠努力，女性卻將其歸諸「命運」使然，這個藉口本身就是一種謊言。

如果你因為女性表示：「我們倆不論是星座或血型都非常相配」，就真的以為自己和她是天生一對，你可能會娶到一個個性難纏的女性。因為，一個成熟的女性，是不會根據算命的結果來決定自己的人生或否定自己的能力的。

●女性即使認為自己跟對方真的很相配，也絕不會因為這是算命所得的結果。

11

別因為女性向你保證「絕對保密」而說出秘密，否則翌日你將成為衆人茶餘飯後嘲弄的對象

以下是一則法國的笑話。一名女子將心事告訴女友，最後並且叮嚀對方：「這件事可要絕對保密喔！」結果對方回答：「我自己是沒問題啦！但是我不知道別人是不是也會保密。」

這則笑話主要是在諷刺女性無法保守秘密的天性。日本有句俗話：「小人之口無門」「人口難防」，尤其當對方是女性時，要她們保守秘密幾乎是不可能的。我想，很多男性都曾嘗過因為信任某個女性而把秘密告訴對方，結果對方卻大肆張揚的苦頭。

我曾在一本小說中讀到了以下的情節。某公司的人事課長和同公司的女同事到旅館幽會，事後閒聊時，男的不經意地提到了公司內部將有一次人事異動。女方急於知道詳情，於是向男方保證：「快告訴我，我保證不會洩露出去。」男的最初還有點猶豫，但因為女的一再保證，再加上他又認為對方是「自己的女人」，因此便和盤托出詳情。不料幾天之後，這項原本應該還是個秘密的人事異動，已經傳遍了整個公司。經過調查後發現，原來是人事課長

女性是很難真正保守秘密的。

的情婦把這件事告訴了一名女同事，而後者又把這件事告訴了其它人。經過一傳十、十傳百以後，自然搞得人盡皆知。

最後，這位人事課長因為洩露機密而落得被降職的命運。

在現實生活中，像小說裡面所描寫的那樣，因太過相信女性而招致悲劇下場的並非特例。某位西洋哲學家曾說：「要殺一個女性並不難，只要叫她三天不說話就行了。」因此，不管女性如何再三保證，男性都不應該說出秘密。特別是當女性主動探詢時，更是不可能保守秘密。

●只有公開時會對女性造成傷害的秘密，才能和女性一起分享。

12 當你因為女性自稱認識某位名人而要求代為引見時，最後你會發現那是一個漫天大謊言

有些人跟某個名人明明只交換過名片，卻說得好像自己跟對方是多年老友似地，這就是所謂的「名人病」。嚴格說起來，這也算是一種欺騙的手段。為了讓自己的話具有分量或抬高自己的身分，很多人喜歡借重名人的權威。不可否認地，一般人之所以吹噓自己和某個名人很熟，都是因為這種心理在作祟。

男女都有崇尚名人的心理，但女性又比男性略勝一籌。這點只要看看時下以女性為對象的雜誌，名人閒談的專欄幾乎到了氾濫的程度，便不難瞭解了。

此外，收看演藝人員的電視婚禮的觀衆，也以女性居多。由此可知，在名人病的「罹患率」方面，女性遠高於男性。

前幾天，一位任職於某企業人事部門的友人，告訴我他因為低估了女性的名人病而受騙的慘痛經驗。事情原來是這樣的：朋友有意邀請某位知名人士前來演講，正好有位女性自稱

和對方認識，於是便請她代為介紹。

那位女士一聽，二話不說就答應了：「我跟他很熟，這件事絕對沒問題。」朋友於是很放心地忙於其它事情去了。直到演講日期將屆，朋友直接打電話給那位知名人士，這才知道原來他根本沒接到任何有關演講的訊息。

男性在接獲類似的請求時，多半會說出真相以免給對方增添麻煩：「那只是醉話而已，其實我跟他並不熟。」反之，女性則會以謊圓謊。

一般而言，相同的謊言男性不會一再重複，以免在社會上失去信用，而女性對於信用的看法太過天眞，所以會經常把謊言掛在嘴邊。分析罹患名人病的女性心理，其實與個人的能力和社會地位有密切關連。尤其是那些自我意識較強，自覺懷才不遇的高學歷女性，更喜歡利用名人來抬高自己的身分。如果你輕易地相信了她們，那就只能怪你自己太輕率了。

●眞正與名人有所交往的女性，為了避免麻煩，反而會假裝和對方並沒有深交。

≪女性謊言名言集①≫

＊女性保持沈默時，表示她在說謊。

——以色列諺語

＊舌頭喋喋不休地說著一些大腦並不知道的事情。

——俄羅斯諺語

＊女性說「討厭」時，表示她在追求更淫亂的快樂。

——義大利諺語

＊沒有一種動物像女性這般膚淺、容易改變心意。

——井原西鶴

＊女性十歲時為天使、十五歲為聖人、四十歲為惡魔、八十歲為魔女。

——西洋諺語

＊女性之間的友情，是共同對付第三名女性的陰謀。

——阿爾豐斯・卡爾

＊微笑的女子不能信任，正如哭泣的男子不能信任一般。

——烏克蘭諺語

＊女性之於男性，正如人生一般，乃是諸惡之相。

——芥川龍之介

＊當男性知道女性一個人是怎麽過的時，絕對不會想要結婚。

——O・亨利

＊耍詭計是女性的特性。

——艾斯丘羅斯

第二章

拆穿女性得不到手的謊言

——獻給一次受騙仍不自知的您

13 勿因女性的攻擊口吻而生氣，否則你將看不見其背後的好意，失去說話的機會

經常在西部電影裡扮演硬漢角色的約翰‧韋恩，是衆多女性心目中的偶像。在某部約翰主演的電影中，他扮演一名警長，被一名歡場女子偷偷地喜歡著。這名女子深愛著約翰‧韋恩，但卻說不出口，甚至在他與歹徒對抗時，毫不客氣地罵他：「笨蛋！」「完全不懂得通融的頑固傢伙」「死了最好！」。

在電影的最後，有一幕是歡場女子一邊換上誘人的網狀外衣，一邊告訴約翰‧韋恩：「你就跟個石頭一樣，根本不瞭解女人的心理。」結果約翰‧韋恩回答：「如果妳敢穿這樣出去，我就把妳關進牢裡去。」約翰也以強硬的口吻說出了他的愛的告白。

電影最後當然是喜劇收場。由這部電影我發現到，女性在面對具有好感的男性時，往往會擺出攻擊性的態度。

和小男生喜歡某個小女生時，會故意捉弄對方，藉此引起對方的注意一樣，女性對於自

己喜歡的男性，也會採取攻擊的口吻。兩者不同的是，男性是藉由粗魯的行為來引起女方的注意，女性則是利用「言語攻擊」來吸引對方的注意。特別是在男性社會中長大的女性，因為拙於表達感情，只好以批判的方式來表達內心的愛意。

因此，當某位女同事老是故意挑你的毛病時，或許是因為她對你有意也說不定。但有一點必須注意的是，女性之所以會對自己喜歡的男性採取攻擊的態度，可能是因為她除了喜歡你的長相、性格之外，對你還是有不滿意之處，例如，你的經濟能力。這時她會告訴自己：「其實我根本不應該喜歡他」，為了壓抑日漸增長的好感，只好採取攻擊態度。萬一這時有一個條件更好的男性出現，她可能很快就會變心。

總之，因為女性用挑釁的口吻跟你說話而與對方正面衝突，可說是非常不智的行為。最好的方法就是聽過就算了。

●女性非常討厭某位男性，對其不屑一顧時，通常會採取冷淡的態度。

14 勿因女性暗示另有其它追求者而展開追求攻勢，這是最愚蠢的行為

現在的情況或許稍有不同，但在以前，大學研究室是一個標準的「男性世界」，除了一位負責處理事務的女性之外，其餘的清一色爲男性。因爲缺乏與女性接觸的機會，這些男性對女性的存在格外敏感，即使對方容貌、性格都不怎麼樣，他們還是會有「驚為天人」的感覺，甚至與其它同僚之間產生「競爭心理」。

過去我曾待過的研究室裡，就曾發生過類似的情形。

很多讀者或許已經發現到，男性在出現競爭對手時，常常會因為不服輸的心理而展開猛烈的追求攻擊。大部分的女性都知道這一點，當然不會忘了好好加以利用。

例如，女性會故意在男友面前提起另一名男性的名字。在其蓄意挑撥之下，男性的競爭心理油然而生。受到競爭心理的影響，男性對該名女性原本或許並沒有深厚的感情，但這時卻會覺得自己其實是愛對方的。

萬一兩人真的因而結了婚，男方必然會直呼上當。

當女性向男性暗示有其它對手存在時，多半只是為了引起對方的注意。如果你將女性口中的其它追求者視為競爭對手，為了贏取芳心而卯足全力，那麼最後你將發現，原來你參加的是一場單人競賽。

如果女性口中的第三者確實存在，受騙的感覺或許不會那麼強烈。問題是，會採取這種手段的女性，現實生活中往往沒有其它追求者存在。換句話說，這只不過是女性為了挑起男性的競爭心理而撒的謊罷了。

當女性告訴你另有其它追求者時，要特別注意她的語氣。如果真的有這麼一個男人存在，你一定可以從她說話的語氣感覺出來。如果她是故意透露或假裝不經意地暗示有其它追求者出現，則這個男人多半只是一個虛構的人物罷了。

●當女性真的有其它追求者出現時，通常你會從她的話語當中找到蛛絲馬跡。

15 當你因女性表示「戀愛和結婚是兩回事」而和她大談戀愛時，總有一天你會面臨被對方逼婚的命運

「我已經吃夠苦頭了。身為女性，我只想談戀愛而不想結婚。」

一位知名女星在和其作家男友分手後，有感而發地作了以上的表示。所謂「身為女性，我只想談戀愛」，應該是她的真心話，至於下面的「不想結婚」，則恐怕是違心之論。很多女性都說：「結婚和戀愛是兩回事」，但是根據我的觀察，真正如此豁達的女性並不多。

認為戀愛和結婚是兩回事的女性，可分為二種類型：一種是對婚姻制度抱持疑問的「獨立派」；另一種則是想要利用婚前盡情玩樂的「玩樂派」。

屬於「玩樂派」的女性，婚前和男性交往的經驗豐富，不過當她們遇有合適的對象，也就是所謂的「如意郎君」時，會立刻收起玩心當一個稱職的家庭主婦。雖然所謂「結婚和戀愛是兩回事」不全然是謊言，但真正抱持這種想法的女性，多半不會直接告訴男性。因為，她們擔心這麽一來會令那些想找老婆的男性對自己失去興趣。只有在男性提出結婚的要求時

，她們才會以此作為拒絕的理由。

那麼，平日老把「戀愛和結婚是兩回事」掛在嘴邊的女性，又是怎麼想的呢？會這麼講的女性，多半是為了警戒自己不要將戀愛和結婚混為一談。

大部分女性都希望能享受自由戀愛的樂趣，避免陷入戀愛結婚的窠臼，但真正能將結婚和戀愛作明顯區隔的女性，有如鳳毛麟角。一般而言，女性在戀愛到達頂點時，「結婚」的念頭便油然而生。

因此，當女友告訴你：「我現在還不想結婚，還想多享受一下自由自在的單身生活」時，你可要當心了。因為，這番話以說謊的成分居多。很可能翌日她又改口：「沒有女孩子不想結婚的」，進而要求你負起責任。就像先前提到的那位知名女星，所謂不想結婚的話才剛說完，沒多久便和一名導演閃電結婚了。

●真正屬於「玩樂派」的女性，在與男性交往的過程中，會假裝是以結婚為前提。

16 當你因女方以「忙碌」為由拒絕你的約會而放棄時，她會認為你是個薄情男性而把你甩掉

當朋友請你幫忙時，即使你是因為覺得這件事「太麻煩」或「太無聊」而不想插手，你也不會說出真正的原因，而是以「太忙」作為拒絕的理由。這類謊言，可說是人際關係的潤滑劑。

忙碌也是女性拒絕約會時常用的台詞。只是，與社交上的謊言相比，女性的說謊往往隱藏著更多積極的意圖。有些女性明明有空，卻故意說：「我現在很忙」，為的就是要挫挫男性的銳氣，同時考驗一下對方對自己的愛意是否堅定。

例如，你打電話約女友：「明天一起吃飯吧！」但是她卻表示：「不行耶！這個禮拜我都要加班，實在沒空。」「是嗎？那就等妳有空再說吧！」

當她聽到你的回答時，由於和預期的不同，難免會認為：「哼！你對我的愛也不過如此罷了」，開始對你產生不信任感。

其實，這時她真正想要你說的，是：「我知道妳很忙，但能不能為我撥出一點時間呢？」眼見你並未表現出想要見她一面的強烈慾望，難怪她會不高興。

一般女性都喜歡測試男性對自己的愛情深度，以及對方肯為自己作多大的犧牲。如果男性無視於「加班」等障礙，堅持要和她見上一面，女性就會認為對方確實深愛著自己。換言之，「加班」只不過是女性用來測試男性對自己的愛情深度的一個謊言罷了。就算她真的忙得不能跟你約會，她也希望你明白她的言外之意是：「我是真的很忙，但如果你想見我，我一定會找出時間來的。」

如果你因女性一句「我很忙」便打了退堂鼓，她會認為你是個薄情人而逐漸與你疏遠。如果她真的忙得無法赴約但又很想見你，那麼她會清楚約好另一個見面的時間，否則的話，她的所謂的「太忙」，很可能只是一個測試你夠不夠愛她的謊言。

●女性真的因為太忙而無法赴約時，會淸楚地約好另一個見面的時間。

17 為女性一句「我們將有一段時間無法碰面」而心慌意亂的話，只會落得平白浪費時間和金錢的下場

女性對付男性的方法很多，其中的「欲擒故縱」是自古以來即經常被採用的一種。一般而言，女性想要探知對方的心意時，喜歡採用旁敲側擊的方式。這種女性特有的說謊技巧，在她們想要吊男性胃口時特別顯著。

例如，當交往中的女性突然表示：「我們將會有一段時間無法碰面」時，男性當然會追問原因，不過女方的回答多半十分曖昧。

這時你就應該知道，她一定是對什麼事不滿，只是一個藉口，事實是她可能在物質、感情或性方面對你有所需索。

據一位歡場女子表示，對於新認識的客人，一開始時她只會要求對方買便宜的禮物送她，之後再逐漸提高禮物的價格，等到對方有意將她納為己有時，她便告訴對方：「最近我可能要到其它地方上班了。」

暗示對方兩人可能會有一段時間無法見面。這時，大部分的男性為免先前的投資化為烏有，都會盡可能滿足女性所提出的要求。從表面上看來，這似乎意味著男性深愛著那名女性，事實上他只是擔心先前的投資全部泡湯而已。

欲擒故縱並非歡場女子的專利，即使是沒有和男性交往過的年輕女性，也會本能地使用這種手段。當女性表示：「我們可能有一段時間無法碰面」時，本意並非要逃避對方，而是暗示：「我希望今天跟你在一起」。亦即藉由「不能跟你見面」的謊言，挑起男性對自己的關心。如果不是因為這個理由，那麽當女性表示「我們將有一段時間無法碰面」時，就表示她一定有某些特別要求。

●女性如果真的無法跟男友碰面，一定會具體地說明理由和時間。

18 勿因女性說「你很髒」就以為她討厭你而打退堂鼓，否則你將眼睜睜地失去得到好女人的機會

女性一看到男性的袖口或衣領髒了，常常會毫不客氣地指出來。大部分男性都會對這類女性採取敬而遠之的態度，但事實上，女性之所以會對男性百般挑剔，乃是因為關心對方的緣故。

以下是我學生時代的一個朋友的親身經歷。他跟人分租房子住，結果房東的女兒喜歡上他。可是，那個女孩子每次一看到他，總是百般挑剔：「看，你的襯衫有多髒，很久沒洗澡了吧？」或者「你的頭髮也該梳理一下了吧？」老是嫌他不夠乾淨。

朋友原本也很喜歡對方，可是面對對方的數落，卻也不禁感到落寞：「她把我說得那麼難堪，看來我們兩個是沒希望了。哎！我看還是放棄好了。」當下決定忘記對方。

但或許是兩人有緣吧？在畢業前夕，朋友決定鼓起勇氣向對方求婚，結果她居然一口就答應了，兩個有情人終成眷屬。

後來朋友才知道，女孩子之所以整天罵他髒，是因為她喜歡自己，所以無法忍受自己的不愛乾淨。而且，隨著愛意的加深，她的挑剔也愈來愈嚴苛。由此可知，如果女性不喜歡某個男性，那麼她才不管對方有多髒、多亂呢！

看到自己喜歡的男性不夠乾淨，女性會視為是自己的恥辱。這就好像妻子喜歡幫先生搭配服裝一樣，因為她們認為丈夫的體面是自己的責任。

這種心理不單只有妻子才有，甚至連正在交往中的女朋友也不例外。像先前所說的那位房東的女兒，就是典型的例子。因此，當女性說「你好髒」時，不妨將其視為隱藏在母性本能之下的謊言。

當然，並非所有女性講這句話都是出自愛意，但男性是否瞭解女性的這種心理，卻會造成截然不同的結果。

●女性討厭一個男人時，對其髒亂多半會不置一詞，假裝視而不見。

19 任由女性以父親當作擋箭牌，只會使其更加任性、放肆

一般來說，男性對於女友的父親總是心存敬畏，能不碰面就盡量避免碰面。於是女性便利用男性的這種心理，作為自己任性的擋箭牌。

有個男性和女友一起喝酒，原想酒過三巡後邀對方一起到旅館去，不料女方察覺他不懷好意，於是以太晚回家會被父親責罵為由，要求立刻送她回家。男的當然不肯放棄：「放心啦！晚點我送妳回去時，會當面向伯父解釋的。」女的也不是省油的燈：「不行，我爸爸很兇的。一旦被他知道我跟你在一起，他會氣炸的。」經她這麼一說，男的縱有千百個不願意，也只好乖乖地送她回去了。

其實，女孩子的父親是否如她所說的那麼「兇悍」，男的根本無從得知。在無法求證的情況下，他當然只有相信的份兒了。

但是據我猜測，那個女孩子八成是在說謊。女性會將自己的父親形容得那麼可怕，主要

是為了嚇退、擺脫男性。

這時即使男性懷疑對方是在說謊，也因為無法求證而不得不打退堂鼓。

此外，當女性心情不好或使性子時，也會搬出父親當作令箭。像夫妻爭吵時，妻子總會叫嚷著：「我這就把我爸找來」，企圖利用父親的威望迫使丈夫屈服。男性只要一度就範，女性就會食髓知味，愈來愈得寸進尺了。

女性老是談及自己的父親，而且言談之間流露出崇拜與敬愛時，就表示她有戀父情結的傾向。當這種類型的女性主動表示：「怎麼樣？找一天和我爸見個面吧？」即意味著她對你具有好感。不過，也有女性是故意表現出「戀父情結」的傾向，希望藉由父親來控制男性，這點不能不防。

●女性真有戀父情結時，會希望將自己喜歡的男性介紹給父親。

20 當你被女性有條不紊且快速的說話方式搞得頭昏腦脹時，往往會忽略其話語背後的謊言

大體而言，男性說話多半簡單、扼要，女性說話則多半內容繁複、冗長，而且是跳躍式的。尤其是當幾個女性聚在一起時，這種情形更為嚴重。不知情的人會以為她們正在討論事情，實際上她們卻是在各說各話。

女性並沒有在說話之前先經過思考的習慣，因此一旦不再感到不安或戒心消除，她們就會像沒有剎車的車子一樣，把自己的真心話毫不保留地說出來。

反之，當女性的談話變得有條不紊而且迅速時，就表示她有事隱瞞著對方。

同樣是說謊，男性在遣詞用句上會格外慎重，而且說話速度會像政府官員答覆立委質詢時一樣變得很慢，以免露出馬腳。

反之，女性說謊時說話速度會變快。

那是因為，女性自知處於弱勢，為免遭到反擊，一心只想盡快把自己想說的話說完，不

女性連珠砲似地說話時，通常是因為怕別人反問她。

自覺地便加快了說話速度，至於談話內容有條不紊，則是她事前已經過整理、思考以便圓謊的最佳證明。

●**當女性一股腦把心裡的話說出來時，表示她內心坦然。**

21 若因女性經常在你面前誇獎另一名男性而愁眉苦臉，原該是你的女性會落入他人懷抱

同是說謊，相對於男性的牽強、單純；女性的謊言則複雜、曲折得多。這是因為女性容易為感情所左右，而且警戒心極強，習慣隱藏自己的本意。尤其是有關男女之間的感情問題，女性常常會做出與自己心意相反的言行。

雜誌週刊上所刊載的影劇新聞，最能反映女性的這種心理。例如，一對人人稱羨的夫妻突然傳出離異的消息，這時女性幾乎毫無例外的，一開始都會極力否認，並強調自己和丈夫依然恩愛如昔，但是不過數日，便又說出自己已和丈夫分居的事實。這次招認，意味著先前她所說的全是謊言。這在影藝圈幾乎已經成為固定模式，總之，女性絕對不會主動承認婚姻或感情觸礁的事實。

不只是藝人，一般女性即使有意離開男友，也不會坦白告訴第三者。別說是第三者，有時連她的親手足，也是直到最後才知道她真正的想法。在這個時候，女性不但不會在家人、

好友面前說男友的不是，甚至還會極力誇讚對方呢！

這是女性特有的不讓他人知道自己弱點的防衛本能。女性是矛盾的動物，她們會對他人的不幸抱持幸災樂禍的心理，對自己的不幸則極力隱藏。同理，女性就算很想和男性分開，也會在他人面前不斷誇讚對方，以免被人看穿自己的本意。嚴格說起來，這也算是一種女性特有的虛榮心理。

女性會想要離開男性，多半是因為對方有令人無法忍受的缺點，為免讓外人覺得自己遇人不淑，她們會故意稱讚男友的種種好處。

有些做妻子的，不管丈夫在他人眼中多麼不堪，也會誓死護衛丈夫：「其實他是一個體貼的好男人」，為的還不是要維護自己的自尊。

不過，如果這時有另一個對她較好或更具有吸引力的男性出現，她會毫不猶豫地選擇琵琶別抱。

●女性即使和現在的男友感情融洽，還是可以列出對方的缺點和自己的不滿之處。

22 不斷吹噓自己家世的女性，性格上必有其低劣之處

日本作家遠藤周作在其一篇名為『伯爵的女兒』的小品文中，提到了一名有說謊癖的女性。有一天，遠藤和友人吉行淳之介在酒館裡認識了一名女性，對方自稱「父親擁有爵位」，自己「明年就要前往××大學留學」、「在家用餐時，會有樂手在一旁演奏」，意在顯示她出身高貴。

遠藤、吉行二人不疑有它，全都被唬得一楞一楞的。再加上對方的言行高貴、優雅，頗具貴婦人的派頭，兩人自始至終都沒有懷疑過她所說內容的真實性。

三人分手後，遠藤突然決定跟在她的背後看看她住在哪裡，結果卻發現她走進一棟位於鐵路旁的廉價公寓裡。

這個例子或許太過極端，但是在這個世界上，確實不乏喜歡吹噓自己家世的女性。當然，我們不能說宣稱自己家世良好的女性都是在吹噓，只是女性多半會對自己所扮演的角色產

生混淆。

女作家林真理子在其文章中，有時會提到自己的家庭和父親，例如：「家父是一個沒有出息的父親」、「生了小孩卻沒有撫養的能力」、「我們家位於貧窮的鄉下」，而這些內容多半是她捏造出來的。

女性之所以喜歡吹噓家世或學歷，主要是為了提高自己的價值，只是她們並不知道，在男性社會裡，一個人的家世並不重要，重要的是自己有沒有「實力」。

喜歡吹噓家世背景的女性，多半對目前的處境或遭遇感到不滿或自卑。藉由吹噓家世，可以消除對現實的不滿。有些女性會故意吹噓家世，而在不斷吹噓的過程中，竟也逐漸相信起自己的謊言。就好像「伯爵的女兒」中的女主角一樣，因為相信自己的謊言，所以言行舉止也變得有如貴婦人一般。

總之，家教良好的女性，是不會主動提及自己的家世的。相反的，會主動提及家世的女性，品性多半有可議之處，最聰明的做法就是趕快離開她。

●家世良好的女性，即使他人問及，也會語多保留。

23 勿因女性表現豪放而與之發生關係，否則你可能會因對方是處女而被迫結婚

很多人以為裝壞是男人的專利。因為某種複雜的情緒在作祟，有些男性明明很純情，卻喜歡表現出一副很壞的樣子。這類喜歡虛張聲勢的男性，一遇到閱歷豐富的歡場女子或眼尖的女性，常常一眼就被看穿了。

就偽裝技巧而言，女性顯然比男性高明多了。前面說過，很多人以為裝壞是男性的專利，其實不然。事實上，被裝壞的女性所騙的男性還真不少呢！

有些上班族女性每天都穿得很花俏，一到週末更打扮得像要赴盛宴一般，很容易令人誤以為她是隻「花蝴蝶」。

對這類女性，男性的態度可分兩種：一種是對愛玩的女性不感興趣，另一種則是認為這種愛玩、會玩的女性很容易到手。

問題是，男性多半看不清楚隱藏在女性背後的真實面目。因此，男性往往淪為受害者。

例如，男性會以為輕易答應他人約會的女性必然十分隨便，誰知一夜風流之後，卻發現對方是個處女，這下子想不結婚也不行了。

一般而言，屬於知識分子的女性，比較介意自己仍為處女或鮮少與男性交往的事實。為免讓人覺得自己除了頭腦好以外什麼都不知道，她們只好裝出一副豪放女的樣子。對於這種「虛張聲勢」的女性，聰明的男性最好敬而遠之。

基本上，國內男性還是比較喜歡純潔的女性，因此女性若是為了吸引男性而假扮豪放女，對自己反而不利。這時男性就算真的被妳吸引，多半也只是抱著玩玩的心態而已。

●真正豪放的女性，反而會假扮「清純」。

24

當女性對某個男性的態度突然變得冷淡而你卻毫不在意時，你將會是最後一個知道她和那名男性走在一起的人

在描寫辦公室戀情的電視劇裡，常會出現以下的情節。某個女性職員對於同一辦公室的某個男同事，說是表現得十分冷淡，有時甚至還假裝視而不見。或許是為了反擊吧？那名男性也會對她採取相同的態度。

上司察覺到兩人之間的僵硬氣氛，於是把男的找來開導一番：「你別老是一副不把女人放在眼裡的樣子嘛！小心將來討不到老婆。」不料幾天後，兩人忽然來到上司面前：「我們要結婚了。」

原來他們之前所以故意漠視對方，只是為了不讓人發現他們正在談戀愛。

女性明明對某個男性懷有好感，表面上卻裝得非常冷淡，主要是因為不想讓他人知道自己真正的心意。尤其是在辦公室，為免被其它同事知道惹來閒言閒語，於是故意對自己喜歡的那個人表現得非常冷淡。

女性的態度突然改變時，表示她在隱藏某些事情。

當你的女友對某個男性的態度突然變得冷淡，有時甚至還說他的壞話時，很可能他們之間已經暗生情愫。

如果她沒有對他產生好感，態度又怎麼會突然變得如此不自然呢？反之，女性對於自己並不喜歡的男性，往往會故意表示關心對方，藉此掩飾對對方的厭惡。

●女性討厭某個男性時，反而會故意討好對方或對其十分客氣。

25 勿因女性一句「我不注重外表」而喜形於色，否則將被視為「遲鈍的男人」

某個長得不算英俊，但勝在有型的好萊塢性格演員，在出席一項電影人的聚會時，和一名新進女星跳舞。跳舞時他向對方表示：「和我這種醜男子跳舞，真是委曲妳了。」

新人一聽連忙搖頭：「不會，不會，我一向不注重外表。事實上，我反而討厭那些所謂的美男子。」

性格男星於是故意沈下臉來：「是嗎？那真是太對不起了。跟我這麼一個美男子跳舞，實在太委曲妳了。不過妳放心，不會再有下一次了。」

能像這位性格男星這麼有自信的男性，在現實生活中可說少之又少。一般男性在聽到女性表示自己「不重視外表」時，往往會感到欣慰，認為自己所缺少的「只是外表」而已。對男性而言，最慘的莫過於向女性求愛時，對方回以「我不重視外表」，言下之意即是：「你除了一張漂亮的臉孔外什麼都沒有」。

不過，女性多半不會說出這種話，倒是跟男性熟稔之後，她可能會突然冒出一句：「我喜歡帥哥」，這時男性當然會覺得自尊受損。但事實上，女性說這話並沒有惡意，而是在表明自己對男性具有好感。

換言之，她真正想要傳達的是：「我很重視外表，但對你卻是例外」「我喜歡帥哥，但我覺得你比他們更棒」。女性生性含蓄，不會作赤裸裸的表白，因此話往往說到一半便突然停止。

男性應該知道，女性喜歡以半戲半謔的話語來傳達訊息。此外，當女性在男性毫無表示的情況下，突然很認真地說出類似的話時，表示她在精神上具有某種程度的虐待狂。撇開這點不談，當女性表示自己「不重視外表」時，不妨將其視為好意。

●女性只有在拒絕男性的搭訕時，才會很認真地表示「我不注重外表」。

26

約會時因女性動輒生氣而心慌意亂，你將必須付出「過多的服務」

很多男性都是「釣上來的魚豈有再餵餌之理」這句話的忠實信徒。因此，在交往之初，男性會帶女友去看電影、上最好的館子。等到感情穩定後，便改為帶女友壓馬路、吃路邊攤了。

如果男性的轉變太過明顯，女性當然會還以顏色。例如，經常發脾氣或臉上擺出一副無聊的表情。剛開始時男性或許不會在意，但次數多了以後便會暗自嘀咕：「莫非她最近認識了其它男朋友？」

為了討女友的歡心，男性只好再度使出當初追求對方時的那股殷勤勁兒。如果這樣還不能使女友轉怒為喜，那麼他就會加倍地努力。

有些男性會將女性動輒發怒的表現，視為她對自己的感情變淡，殊不知這也可能只是她在故作姿態罷了，目的是要你再像從前那麼樣地重視她。

女性動輒生氣時，通常是因為對男性有所要求。

假若對你的感情已經降溫，女性的動輒生氣，其實只是為了喚起男性對自己的注意。

因女性的謊言而必須付出「過多的服務」，倒還不是大問題，真正需要注意的，是那些面無表情的女性。

●女性對男性的感情降溫時，反而不會有太多表情。

27 說話喜歡咬文嚼字或夾雜洋文的女性，交往後常因其缺乏教養而令人生厭

以前的女性雜誌，內容不外是食譜、流行服飾等，以實用為主；現在的女性雜誌，則以報導與知性有關的訊息為主，藉此滿足女性對「知性」的渴求。

追求知性的願望，男女皆有，但女性又比男性來得強一些。對於這個說法，我想應該不會有人表示異議才對。

那是因為，對男性而言，「知性」只不過是評價一個人的一部分而已，但是對於女性，正如才貌兼備這句話所形容的，「才」是非常重要的評價基準。

為了表現自己知性的一面，女性喜歡在談話中夾雜洋文或咬文嚼字。表面上看來，這類女性似乎教養良好，充滿知性，但事實上，她們多半只是裝模作樣而已，其實並沒有什麼教養。

女性之所以咬文嚼字、故意講些深奧的字句，理由不外是：「讓人覺得自己是個知識分

子」、「掩飾自己的缺乏教養」、「顯示自己與其它女性的不同」、「語彙不足」、「不喜歡講方言或說話有口音的人」或「自以為是」等等。

真正有教養的人，不必刻意顯示，教養自然而然就會展現出來。此外，愈是有教養的人，愈會將艱深難懂的內容，用最平易的話語表達出來。

正如某位作家所說的：「不用艱澀難懂的字眼便無法寫出文章的人，不能算是知識分子。」這句話真是一針見血啊！

總之，經常在話中夾雜洋文或咬文嚼字的女性，不要對其教養抱持較高的期待。否則在深入交往之後，你會發現原先的期待幻滅了。

●真正有教養的女性，會使自己看起來平易近人。

28 對女性在你面前稱許前任男友而表現得無動於衷時，將會喪失求愛的最好機會

根據某位花花公子表示，女性在提到過去的男友時，大致可分為兩種態度，一是稱讚、二是貶低。對於老是貶低前任男友的女性，他不會浪費時間去追求，因為這表示她對前男友仍然餘情未了，所以才會藉著貶抑對方來掩飾自己的真心。

女性心理的深奧、複雜，是單純的男性所難以理解的。因此，當女性老是稱讚以前的男友時，男性會直覺地以為：「她到現在還在稱讚他，是不是表示她還想著他呢？」當然，這也可能是因為女性仍然難忘舊情，但最主要的是因為她根本不把你當作談戀愛或結婚的對象，才會毫無保留地將心事向你傾吐。

一般而言，女性不會主動提及過去的情史，因為那只會使自己處於劣勢。但如果女性向你告白過去，而且對前任男友頗多稱讚，通常就表示她很在意你，所以才願意坦白說出自己的過去，言下之意就是：「如果你還是喜歡我，那我們就繼續交往下去。」

當女性告訴你她的過去時，表示她對你懷有好感。

會稱讚以前的男友的女性，個性多半比較正直、誠實、體貼。

如果你因女性稱讚前男友而認為：「她是不是還念著舊情人？」或「我好像比不上她以前的男朋友」，那就完全辜負對方的一番好意了。

●女性真的忘不了舊情人時，只會不斷數落對方的缺點。

29

如果把女性所說「○○○就不行」的話當真，你永遠不會知道她要說的其實是「×××就行」

和以往相比，現在描寫「外遇」的電視劇或小說，對女性有很大膽的描寫。即使如此，女性還是會把「我有丈夫和孩子」這句話掛在嘴邊，作為拒絕男性誘惑的藉口。

這個藉口似乎頗符合道德、倫理要求，但這其實只是女性在外遇被揭發時用來卸責的理由罷了。女性可以說：「我曾經抗拒過」或「我自己也不希望這樣」，藉此使自己的外遇正當化。對於女性的這種心態，作家渡邊淳一先生做了最好的註解：「女性只有在一種決心之下才會奔向外遇，這個決心就是藉口」。

向認識不久的女性提出約會時，如果對方表示：「我十點就得回家，現在太晚了。」或「不行，我已經有固定男朋友了。」

很多男性會信以為真而打消追求的念頭。但姑且不論真偽，很多女性口裡說「不要」、「不行」，其實並非真的有意拒絕。

換言之，很多女性表面上拒絕，內心其實是很想接受的。

女性所謂的「十點就得回家」，意思是：「如果約會到九點那就沒問題。」至於所謂的「我已經有男朋友了」，則是暗示：「只要不被他知道就沒問題」。由此可知，當女性以○○為由拒絕你時，其實她真正的心意是：「如果是×××就可以」。一旦找到足以說服自己的理由，女性多半會大方地接受男性的邀約。

女性真心想要拒絕男性時，會乾脆地告訴對方：「不要」，甚至連理由都懶得找。反之，如果她願意找理由來敷衍你，就表示對你並非全無好感。當然，如果你看不懂女性真正的心意，那就只好打一輩子光棍嘍！

●女性真心想要拒絕時，會很乾脆地表示：「不要」、「不行」。

30 別以為長年穿著牛仔褲的女性不崇尚流行，婚後你會發現她們其實是高級服飾的擁護者

馬爾吉德莎德在其作品當中，對女性的內心世界有非常透徹的分析，其中又以『閨房哲學』為代表。

『閨房哲學』一書中有個角色叫烏珍妮。年輕的烏珍妮找人在自己面前虐待親生母親，但在母親被虐待得瀕臨死亡之際，她卻出聲制止。

「不行，不能讓她現在死。如果她現在死了，那我一整個夏天都必須穿著喪服，我那些新做的漂亮衣服就不能穿出來亮相了。」

烏珍妮虐母的行為自有可議之處，但她因為擔心新做的衣服無法穿出來亮相而決定延遲母親之死期的做法，卻表現出「女性對服飾的強烈慾望」。某位哲學家曾說：「女性被綁赴刑場時，最後的希望就是給她一點化粧的時間」。

這句話也鮮活地描繪出女性「注重打扮」的心理。

不過在女性當中，也有一年到頭穿著牛仔褲的。如果你因而認為她們不趕流行，那就錯了。真正不重視流行的女性，未必終年都穿著牛仔褲，而是以便宜為取向，任何衣物都怡然自得地穿在身上。

女性會終年穿著牛仔褲，自然有其心理背景：「反正我長得又不漂亮，穿得再好看也沒用」、「我已經習慣穿牛仔褲了，不穿反而覺得怪怪的」、「不跟著流行走，就不必和其它女性比較了」。

這些女性的共通之處，就是在不注重流行的背後，其實隱藏著「我要穿得比別人更好」的強烈慾望。她們平常不把這種慾望表現出來，也算是對男性的一種欺騙。

如果你因此認為這種女性「非常樸實」，日後必會勤儉持家而與之結婚，那麼婚後你會發現，原來自己娶的是一個購物狂。

●女性真的對流行不感興趣時，會不管衣服的品味如何，只要是便宜的就穿在身上。

31

因受不了女性的「惡劣性格」而提出分手，可能正好中了對方的計

在電影裡經常可以看到以下的劇情：貧家女與富家公子墜入愛河，發誓要廝守終身，不料男方的父母反對兩人結合，於是告訴貧家女：

「我的兒子未來前途無限，如果妳真的為他好，那就離開他吧！」

為了迫使男的離開，女主角會故意做出種種放浪行徑，例如，和其它男人打情罵俏、揮霍金錢等等。當然，在她的心裡面，還是深愛著對方的——。

但這畢竟只是演戲，在現實生活中，沒有女性會願意做這種犧牲的。

不過，如果是出自其它動機，例如，想要甩掉男友，但又要對方主動提出分手要求，則女性會不惜醜化自己。換句話說，女性會藉由言行舉止來刺激男友，使對方在忍無可忍的情況下提出分手的要求。

因為不願擔負虧欠對方的名義，或擔心男的不肯分手而糾纏不清，女性寧可選擇迂迴的

方式，迫使男性主動提出分手。

人的性格不是一朝一夕可以改變的，當女性突然變得「性格惡劣」時，必然有不足為外人道的理由。

例如，有些女性在丈夫潦倒時，是體貼、賢慧的妻子；但在丈夫飛黃騰達以後，卻因為自卑心理作祟而盲目追求物質享受。因此，當你發現女友的性格突然變得令人無法忍受時，不妨先設法找出她真正的意圖。

●女性突然變壞時，可能是因為自卑感作祟，而這也會使她對男性表現出鄙視的態度。

32 當女性表示「你的缺點扼殺了我對你的愛」時，小心她把分手的責任推給你

一般而言，女性對於他人的一言一行，具有比男性更敏銳的觀察力。我們不能以此作為女性拘泥於「唯美意識」的證明，但不可否認地，「唯美意識」有時也會成為女性欺騙男性的一種手法。

有一天某位女性突然向交往已久的男友提出分手的要求：「你居然可以毫不在意地當著我的面放屁，太過分了吧！像你這樣子，我就算有再深的感情也心灰意冷了。」男的認為女友「只是一時間的歇斯底里罷了」，並未把她的話放在心上。因為，他們已經交往近三年了，如果真的受不了他的愛放屁，應該早在三年前就提出了，又怎麼會等到現在才說呢？出乎他意料之外的是，儘管他極力安撫，女友卻還是毫不留戀地離開了。

乍看之下，很多人都會認為是男方的缺點導致兩人分手。但是從女性的話語當中，其實不難看出女方對男方的感情早已變淡。這話怎麼說呢？當女性深愛一個男人時，愛的並不只

男女分手時，女方通常會毫不留戀。

是他這個人而已，同時還包括他的缺點在內。

因此，當女性針對男性的某項缺點提出分手的要求時，這個缺點其實只是她分手的藉口而已。如果女性不想分手，她會不停地數落男友的各種缺點；反之，如果真想分手，則只會舉出其中一點，以免數落太多而招致對方的反擊。在這種情況下，不管你再怎麼拼命道歉也無濟於事，搞不好她還會把分手的責任全部推給你呢！

對男性而言，當女性為了宣洩情感而數落你時，最好的應對方法就是聽過就算了。

●女性只是一時衝動提出分手的要求時，通常會不斷數落你的不是。

33 別將女性「我們就到此為止」的話當真，否則你將被倒打一耙，成為對方口中「冷酷無情的男人」

當女性表示：「我們就到此為止」時，男性應該如何對應呢？著有『外遇心得』一書，深受上班族喜愛的作家青木雨彥認為：

「如果你不知道原因何在，千萬不要輕易答應分手，否則會被對方視為『冷酷無情的男人』。比較聰明的對應方法，是保持沈默。」

男女交往過程中，女性常常會脫口而出：「我們就到此結束吧！」如果男性不察，以為對方真的有意分手而答以：「好吧！一切都照妳所說的」，那麼，毫無例外地會被視為「冷酷無情的男人」。理由非常簡單，雖然女性嘴裡說「我們就到此為止」，但內心其實並沒有分手的意思。

女性真想離開男性的話，通常不會這麼直接了當，而會以迂迴，婉轉的方式告訴對方：「能夠認識你這麼好的人是我的幸運，只是………」，也就是先捧捧對方，再從容地提出分手的要求。只有對男性已經完全死心的女性，才能表現如此冷靜。

反之，當女性以情緒化的語氣向男性表示：「我們就到此結束吧！」時，其實她對這個男的還是很有感情的。

正因為感情太深、害怕失去對方的壓力太大，才會有這種情緒性的表現。如果男性誤以為女方真的有意分手而極力安撫，無異是火上加油，只會使女性更加情緒化，甚至開始在對方的話裡面挑毛病，終至鬧到分手的地步。對於女性這種撒嬌似的謊言，對應方法只有一個，那就是「保持沈默」。

一旦男性放低姿態，女性多半會收回前言，重新接納對方。

●女性真心想要分手的話，通常會先捧捧對方，再冷靜地提出分手的要求。

34 勿因女性表示「喜歡相親結婚」就自動放棄，否則你將無法說服對方而落得必須相親結婚的命運

以前的女性多半是「相親結婚」，但現在則以戀愛結婚占壓倒性多數。根據調查，一九四九年經由相親結婚的人，占全部結婚人數的六五％，但在經過四十年後，戀愛結婚的比例已經高達七〇％。

現代女性之所以反對相親結婚，理由包括：「落伍」、「不夠自然」等。在我年輕的時候，相親之前，介紹人會把女方的照片、家世背景交給男方品評，如果不中意便當面回絕。換言之，「選擇的權利」完全操縱在男方手中，這個現象至今仍然沒有改變。也正因為如此，難怪現代女性一聽到相親便退避三舍。

不過，還是有女性堅持要相親結婚。這類女性大致分為二種類型，第一種是曾經和很多男性交往過，屬於見過大風大浪的情場老手，因為已經厭倦了戀愛遊戲，所以決定結婚時反而要選擇最傳統的方法——相親。

堅持相親結婚的女性，多半是患了「戀愛恐懼症」。

另一種類型則是完全沒有戀愛經驗，對男性抱持高度戒心，也就是患有戀愛恐懼症。對於這類女性，即使男性主動示愛，她也無法坦然接受，並且以「我喜歡相親結婚」作為拒絕的藉口。

萬一男性因此而打了退堂鼓，只會使她更加不敢踏出自設的框框中。

對於這一類型的女性，男性必須極力說服，讓她明白所謂的「喜歡相親結婚」其實是在自欺欺人。

●女性之所以想要相親結婚，多半是因為已經厭倦戀愛遊戲，想要找個好對象安定下來。

35

對妻子將你視為「礙眼的垃圾」甘之如飴，只會助長惡妻的氣焰

有些男性，即使妻子把他當作「礙眼的垃圾」也毫不在意。他們的理由是：堂堂一個大男人，何必跟女人計較這些小事？

當女性打從心底鄙視丈夫時，多半連說都懶得說他，把丈夫當隱形人一般視若無睹。問題是，如果男性一直抱持寬容的態度，妻子的謾罵、鄙視將會變本加厲。

據說，美國第十六任總統林肯的妻子十分凶悍。有人戲稱，林肯之所以能夠突破種種難關，是長期與惡妻共同生活所鍛鍊出來的本領。

據我分析，林肯的妻子瑪莉之所以會處處挑剔丈夫，是因為林肯的成就、聲譽太高，讓她覺得自己配不上對方。

為了維持內心的平衡，她開始挑剔丈夫的缺點，即使只是一個小缺點，她也會毫不留情地展開猛烈的攻擊。

和瑪莉一樣，女性之所以會對丈夫如此嚴厲、不假顏色，多半是因為某種複雜的心理在作祟，例如，自卑感或自認為具有某些缺點時。

很少有男人認為妻子對自己不假顏色是因為想要分手。同理，男性也很難向他人啓齒：「我的太太非常兇悍」，一切都只有默默承受著。

問題是，丈夫愈是極力隱忍，妻子的氣焰就愈發高漲。有些男人因為受不了妻子的咄咄逼人，只好轉而向外尋求安慰。

●女性打從心底鄙視丈夫時，多半連說都懶得說他，根本無視於他的存在。

36 因交情不深的女性一句「我真搞不懂你」而困擾時，將會喪失說服對方的機會

同樣是愛的告白，男性會直接了當地告訴對方：「我愛妳」、「除了妳以外，我不會再喜歡其它女性」，但女性則拐彎抹角複雜得多。

這種男女的差異，不單是在言語上，同時也表現在行動和態度上。拿棒球來作比喻，男性多半直球進壘，女性則偏好曲線球或變化球。

男女交往之初，當女性表示：「我真搞不懂你」，乍聽之下似乎在抱怨什麽，實際上這也是女性特有的變化球之一。一對交往不深的男女，對彼此的瞭解原本就極為有限，因此當女性這麽說時，其實是指：「我想認識、瞭解你多一點」，本意在向對方表示關心。即使她說話的語氣不甚婉轉，基本上還是在向男性表達自己的好感。

只是，男性的思想比較單純，往往女性怎麽說，他就直接從字面上來揣測：「她覺得我很難理解」、「她認為我是個優柔寡斷的人」，進而以為女方有意疏遠自己或鄙視自己。

我還是個學生的時候，朋友認識了一個女孩，兩人約會了二、三次。當時因為社會風氣保守，男女朋友根本不敢手牽手走在路上，只能找家咖啡館或在公園裡聊天。我那位朋友話原本就不多，尤其是在女性面前，更是經常扮演傾聽者的角色。有一天，女孩突然蹙著眉對他說道：「我真搞不懂你！」結果，朋友誤以為對方是因為自己口才不好，覺得跟自己在一起很無聊，無趣而討厭自己，於是便自動打了退堂鼓。

這已經是三十多年前的事了，現在再來追究詳情並不能挽回什麼，不過我相信，那個女孩其實是很喜歡我那位朋友的。

因為，如果女性對男性沒有好感，那麼根本不會注意到對方的存在，更別說是藉「我真搞不懂你」這句話來引起對方的反應了。但，如果說這句話的是與你交往多年的女性，那就表示她對你已經完全死心了。這時的「我真搞不懂你」，往往正如字面上所說的，代表「我不懂你到底在想什麼」或「你真是一個不可理喻的人」。

●女性對男性完全死心時，多半已經非常瞭解對方。

37

對女性的「反對意見」太過認真時，她會認為你膽小而加以鄙視

女性似乎天生喜歡和男性唱反調。約會時，男性提議：「我們散散步吧！」她一定會說：「我好累」；如果男性提議：「那我們去喝茶吧！」，她又會說：「我還想再散散步」，這種不合作的態度，常常搞得男性焦頭爛額。

尤其是現代男性，很懂得尊重女性，因此對於女性的反對意見多半照單全收。只是，現代女性未必喜歡這種「唯命是從」的男性。

事實上，很多女性都希望男性不顧自己的反對，以強勢的態度引導自己。例如，當男性在黃昏時邀女性出去兜風時，後者一定會表示反對：「現在？那回來時不是要半夜了嗎？」如果男性因而放棄邀約，女性的反應絕對是不高興的。換言之，女性所以提出反對意見，其實只是為了要你加以反駁而已。

女性之所以喜歡提反對意見，目的有二：第一是希望男性反對自己的意見，藉此確認自

女性提出反對意見只是為了測試自己喜歡的男人是否具有男性氣概。

己喜歡的人具有「男子氣概」；第二是藉由反對引起男性的注意。

簡單地說，女性的反對意見，其實是對男性撒嬌。如果不是有第三者出現，男性對於女性的「反對意見」太過認真，有時反而會被對方視為「膽小的男人」，甚至因而對你的愛意漸泯。

●女性真的對男性表達「反對意見」時，通常會伴隨著流淚、自嘲等激烈動作。

38 因女性表示「僅此一次」就信以為真與她共渡一夜，很可能會被她糾纏一輩子

女性最常說的一句話就是「僅此一次」，但正如俗話所說的，有一就有二、有二就有三、無三不成禮，任何事一旦開了先例，再做就變得順理成章了。

當男性向女性提出共渡一夜的要求時，女性由於矜持或其它原因，就算對對方具有好感，也不好一口答應，這時就會以「僅此一次」來緩和。這個「僅此一次」，與其說是說給對方聽，還不如說是告訴自己的，目的是要減少內心的愧疚。

此外，為了滿足男性的願望，女性會利用這「僅此一次」的機會，使盡渾身解數扮演男性心目中的好女人。

嚴格說起來，女性只不過是陶醉於自己所扮演的慈愛角色罷了。

當然，「僅此一次」也可能是「決心」的宣示，但更多的時候它只是一個謊言。許多原本只想和男性共渡一夜的女性，事後卻反而纏著對方不放。

因此，如果你不能認清女性所謂「僅此一次」的謊言，而放心地與她交往，那麼你將會後悔莫及。

女性真的希望「僅此一次」時，通常不會將其掛在嘴邊。女性原就比較內斂，即使是心意已決也不會輕易說出口，這時她會保持沈默，讓時間來解決一切。

如果有狡猾的男性看穿女性的這種心理，於是在金錢和肉體上蓄意佔女性的便宜，一次、二次或許能夠得逞，但總有一天他必須為此付出慘痛的代價。

基本上女性是非常現實的，會陶醉在「僅此一次」的謊言中也只是在最初階段而已，這點絕對不要忘記。

●女性真有「僅此一次」的決心時，不會在言語上作任何表示。

《女性謊言名言集②》

＊以認真的表情說著謊言，是一種溫柔。但，扭著身軀說著謊言，更是一種溫柔。

——西洋諺語

＊女性往往會沈溺於自己的謊言之中無法自拔。

——吉行淳之介

＊不論是戰爭或戀愛，都允許採用各種戰術。

——得蒙特•福萊之

＊即使是謊言，也會令人快樂三天。

——日本諺語

＊女性對他人所說之話不會全然相信，但是卻能將這些話轉達給其它人。

——法國諺語

＊女性善變，唯有愚蠢之人才會相信她們。女人，就有如風中的羽毛。

——雨果

＊想要抓住鰻魚尾巴和女性話語的人，會發現不管自己再怎麼努力也徒勞無功。

——羅高

＊女性對愛人所說的誓言，就如同寫在風上或急流上一般。

——卡特爾斯

＊年輕女性嘴裡說的討厭，未必是真的討厭。

——瑞典諺語

第三章

拆穿女性的謊言

——獻給三度被騙卻仍看不透的您

39 如果因女性的稱讚而洋洋自得，你將成為她們背後批評的對象

即使是一向不吃女性奉承他人那一套的男性，在聽了女性的讚美後，心情也會不由自主地愉快起來。但正如西洋諺語所說的：「美麗的玫瑰總是帶刺」，就算男性對女性一直小心翼翼，有時還是不免會被刺——惡意所傷。

例如，當你宿醉未醒、昏昏沈沈地來到公司時，可能會有女同事上前表示關心：「怎麼了？你的臉色好蒼白哦！」如果你因而認定她們是一番好意，那可就錯了。因為，她話裡的真正意思是：「你又醉啦？沒本事就別喝那麼多嘛！」

據我一位在某女性雜誌擔任總編的朋友表示，辦公室裡的女性休息室，是女性批評男性的地方，而這些女性在男同事面前一向是和顏悅色的。一些平時老擺架子，不知廣結善緣的男同事，這時往往成為衆女痛批的對象。

男性永遠也想不通女性為什麼那麼喜歡在背後批評他人，但如果從女性的立場來看，這

其實不難瞭解。

人與人相處難免會發生齟齬，但如果對方是男性的話，一來他不是妳的丈夫、二來他不是妳的部屬，當然不能指著人家的鼻子罵，便何況總得維持基本禮貌，因此女性便表面上與對方和睦相處，暗地裡卻大加撻伐，以宣洩內心的不滿。

對男性抱持不信任感的女性，這種傾向尤其強烈。例如，曾經被酒品不好的男性騷擾過的女性，碰到喝醉的男性時，常常會故意說反話諷刺對方。

一個女人真的體恤男性時，說話會變得格外嚴厲，例如，罵對方：「真是沒用的男人」等等，在這同時，卻會做出提供解宿醉秘方等具體的行為。

●女性真的體恤男性時，在責罵之餘往往會伴隨著溫柔的動作。

40

如果因女性表示「男人不是只有臉孔」就心花怒放，恐怕正是你破財消災的時候

在『男人真命苦』的系列電影裡，男主角寅公經常掛在嘴邊的一句話，就是：「男人不是只有臉孔，心才是最重要的」。當寅公以他獨特的語調說出這句話時，我相信那些對自己容貌缺乏信心的男性，都會有「於我心有戚戚焉」的感覺。

諷刺的是，在每部電影的最後，這位自稱「我很醜，但我很溫柔」的男主角，都遭到被心愛的女性拋棄的命運，而且對方總是跟著英俊、瀟灑的男性絕情離去，留下男主角和觀衆一起面對現實的苦澀。

「以貌取人」是人類的天性。同樣是兩個人，長得比較賞心悅目的，往往會獲得較多的關注，這是不可否認的事實。

問題是，常常會有女性告訴那些對自己容貌不是很有信心的男性：「男人不是只有臉孔而已」或「長相算什麼？只要你對我好就夠了」。思想單純的男性很容易因而掉入女方所設

下的溫柔陷阱。

根據常識來分析，女性如果真的不在意男性的長相，就不會老是把「男人不是只有臉孔」這句話掛在嘴邊，也不會刻意避開與男性長相有關的話題。

由此可知，當女性向對自己容貌缺乏自信的男性表示長相並不重要時，就表示她對男性的長相其實是相當在意的。

在這種情況下，如果她還刻意提及有關容貌的問題，很可能她是在暗示你：「我能容忍你長得不好看，但是你得在其它方面補償我才行。」

男性如果因為女性一句我不在乎你的長相而任其予取予求，小心有一天她帶著你的錢財跟著英俊的男人遠走高飛，留下你獨自品嚐「寅公的悲哀」。

●女性如果不在意男性的容貌，就不會刻意避開與容貌有關的話題。

41 如果因女性表示「願意跟你到天涯海角」而深受感動，小心有一天被她反將一軍

某位男性和他的兩個朋友，同時喜歡上一名年輕貌美的酒吧女侍，三人常常一起去找那名女侍聊天。

有一天，他終於把她約了出來，兩人頭一次有單獨相處的機會。令他驚訝的是，女侍居然主動向他表明愛意，同時自皮包裏掏出一方手帕撕成二片：「這一片我留著，這一片給你，希望你隨時把它帶在身邊，這樣我們就永遠都不會分開了。」

由於對女方的告白深受感動，他忍不住想要與他人分享這份感動，於是翌日便把這件事告訴另外二個朋友，並且掏出手帕作為證明。不料，另外二人居然也從身上掏出一條被撕去一半的手帕，表示是那個女侍給的定情之物。

對這名女侍而言，撕裂的手帕、「永遠在一起」的愛的告白，只不過是擄獲男人的手段而已。很多女性經常把「到死都要跟你在一起」、「我們永遠不要分開」、「我願跟隨你到

天涯海角」等強烈的愛語掛在嘴邊，但那只是自我顯示慾強烈而已，實際上她並沒有那麼深愛對方。

更重要的是，女性並不認為自己說的這些話是謊言，也不認為應該為自己所說的話負責。一般而言，當女性深愛著男性時，反而羞於使用這類非現實語言。

因此，當女性毫無羞意地表示「願意跟隨你到天涯海角」時，千萬不要當真。因為，一旦日後女的變心，男的質問她時，她一定會說：「當時我是真的那麼想的」，有的甚至還會反將一軍：「我只說願意，並沒有說一定要啊！」對女性來說，這類愛的告白與其說在表明心跡，不如說是為了享受那種浪漫的氣氛。

●女性真的想要和男性終身廝守時，通常不會直接表達出這種意思。

42

原本與你親密的女性突然變得客套時，通常表示她已經變心了

有個男性上班族到上司家去送喜帖，稍後上司的太太端茶過來。上司一見妻子端來的是茶，立即大聲斥責：「這個時候應該喝酒慶祝才對，妳怎麼端茶來呢？」這時妻子恭謹地表示：「啊，對不起、對不起，我這就去拿酒來。」上班族一見大表佩服，連忙向上司請教馴妻之術。上司傳授了幾招秘訣之後，又得意洋洋地說道：「記住，結婚之初對老婆的教育是最重要的。」之後不久，上司突然心臟病發猝逝。

上班族獲知消息後，立刻前往上司家向其妻子表達慰問之意，不料其妻卻表示：「坦白說，我一點也不為他的死難過，甚至還有如釋重負的感覺。結婚這麼多年來，我絲毫感受不到他對我的愛。」

妻子既然那麼討厭丈夫，為什麼會表現得如此順從呢？事實上，妻子之所以那麼尊敬、順從丈夫，只是為了掩飾內心深處對丈夫的輕蔑、憎惡罷了。

尊敬語原本是在表達對彼此的敬意，但如果用在關係親密的人身上，恐怕就沒有那麼單純了。尤其是男女之間，原本與你非常親密的女性突然變得客套時，男人會沾沾自喜地以為對方終於體認到自己的重要性，殊不知在客套的背後，往往隱藏著鄙視。

相敬如賓而又不失親密，是男女相處的最高境界。為免互敬使彼此產生疏離感，必須藉由親密動作來彌補。但隨著親密度的增加，男女之間會愈來愈排斥使用會使心靈產生距離的客套語氣。

因此，當女性突然變得客套時，就表示她希望跟你保持距離。為了掩飾對男性的輕蔑或自己已經變心的事實，女性也會突然客套起來。

換言之，一旦女性開始使用尊敬語氣，你可要提高警覺了。

●女性真要對心愛的男人表達敬意時，通常會伴隨著親密的動作，藉此彌補因客套所造成的距離感。

43 只因年紀比你小一輩的女性說「年齡不算什麼」而為其所迷，有一天你會為她耗盡所有

有一首流行老歌名叫：「只要有愛，年齡算什麼」，內容是描寫一名年輕男子愛上比他年長的女性，最後終因年齡相距而被迫分開的故事。在現實生活中，類似的悲劇到處可見。例如，德國大文豪哥德，就在晚年時與一名十六歲少女相戀。

不可否認地，的確有些年輕女性喜歡和年紀比自己大上一截的男性交往，理由是這些中年男性人生經驗豐富，經濟能力也比較雄厚。

交往中的男女，如果在年齡方面有很大的距離，而女的又信誓旦旦地表示：「我不在乎年齡的差距」，意思就是：「雖然我們倆並不相配，但因為我是真心愛你，所以我會將你列為結婚的考慮對象。」如此真誠的表白，男性怎可能不深受感動呢？不過，如果你是那個男的話，我勸你不要高興得太早。

伊迪斯・韓森在和比他小十一歲的日本學生結婚時，向來訪的記者表示：「我不在乎年

齡的差距，只要不照鏡子就好了。」

由此可見，他對年齡的差距其實還是相當在意的。一般而言，如果女性真的不在乎兩人在年齡上的差距，根本就不會提及這方面的問題；反之，正因為非常在意年齡的差距，才會老是把「我不在乎年齡差距」這句話掛在嘴邊。

更過份的是，有些女性因為貪圖對方的財富，於是故意接近年齡足以當自己父親的男性，再用「只要有愛，年齡又算什麼」來掩飾自己的不良意圖。

真正愛上比自己年長男性的女性，為免被人誤會自己居心不良，反而會刻意避免在金錢上與男的有任何瓜葛。因此，當女性向你表示「年齡不是問題」時，千萬別以為這就是「真愛」的保證，否則你將自討苦吃。

●女性真的愛上比自己年長的男性時，會刻意避免在金錢方面成為男方的負擔。

44

當女性表示不在乎你的缺點而你信以為真時，
你可能必須為此付出更大的代價

一名在戰爭期間從事黑市買賣致富的青年，向沒落的貴族女兒求婚。女方表示：「你的出身不是問題，我喜歡有能力的男人。」

不料婚後，女的卻逐漸顯露出揮霍的本性。終於在忍無可忍的情況下，他要求妻子節儉一點，這時妻子反唇相譏：「我之所以嫁給你，還不就是因為你有錢。花錢是我在這樁婚姻中所能得到的唯一樂趣。」

如果男的反問對方：「當初妳不是說不在乎我的出身嗎？」恐怕只會招來對方的訕笑。因為，對自己在意的事表示不在意，乃是女性慣用的欺騙伎倆。

女性愈是不在意，愈會坦白指出對方的缺點。例如，她會告訴收入微薄的男性：「一般女性所希望的結婚對象，年薪至少要超過百萬，你還有待加油呢！」當然，這並不表示她是拜金主義。男性或許會覺得這些話很傷自尊，但是在女性看來，自己只是坦白說出內心的想

女性表示「隨便都行」就表示她其實「非常在意」。

法而已，對方應該也要有坦然接受的雅量才對。

相對地，女性如果真的很在乎男的收入太少，反而不會直接說出來。

她們自有自己的如意算盤，與其說出真心話而把男的嚇退，不如先跟他拖著，我反而會從他那兒擠出一些好處的。

如果男性不懂女性的這種心理，還在為她的寬容深受感動，總有一天會嘗到受騙的滋味。

●女性真的不在意男性的缺點時，會坦白地將缺點指出來。

45 當你因為女性保證「沒問題」而把工作交給她時，最後你會發現當初的決定是錯誤的

現代女性和以前最大的不同，就是對任何事情都非常積極，一點也不膽怯。而在企業新聘的員工裡面，一般而言，女性要比男性活潑得多。

不過，活潑、積極未必與工作能力成正比。據某企業的經理表示，有一次公司決定進行一項新計劃，消息公布後，有一位年輕女職員毛遂自薦：「我希望能參與這個計劃」。有鑑於她剛以優秀的成績自一流大學畢業，能力應該不成問題，再加上她參與的意願強烈，於是公司便答應讓她加入。不料後來他卻發現，當初交給她的工作一點進展也沒有。

「我被其它工作絆住了……不過你放心，我一定會在期限之前完成的。」儘管她曾一再保證，但在期限截止前夕，她的工作還是沒有要完成的跡象，最後只好由同一計劃的其它成員，加班忙到深夜才把她的部分給趕出來。

事後經理把她找來，問她事情為什麼會變成這樣，起先她還堅稱是因為自己「太忙」，

最後才不得不說出真相，原來她根本不知道要從何著手。這也許意味著，她一開始就知道自己無法勝任這項工作，卻還是拍著胸脯保證：「沒問題，我會如期完成的。」

時下有不少女性，常常在還不知道自己能否勝任之前，就拍胸脯保證自己可以做到，事後卻一碰到困難就放棄了。

真正有能力的女性，在接受工作之前，會經過慎重的考慮，並且不會把話說得太滿：「今天大概趕不出來，明天或許可以」、「這個部分我可以勝任，但是另一個部分我就不敢保證了」。只是，這類女性在全體女性當中可說少之又少。

由於對現實的認識太過膚淺，女性在受人請託時，常常會一口答應下來：「這個太簡單了」、「交給我絕對沒問題」。至於女性在接受工作之後，一遭遇困難便乾脆放棄，主要是因為她們原本就比較缺乏責任感，又老是以逃避的態度來面對嚴酷的現實。例如，女性常以為只要流幾滴眼淚，就可以推掉一切責任。因此，即使女性向你保證：「這件事交給我絕對沒問題」時，也千萬不要輕易相信，一定要先考核過她的能力，再決定是否把工作交給她。

●能力足以勝任的女性在接受新工作時，會謙虛地表示：「我想我應該可以做到八〇%吧！」

46 欣然接受女性的大獻殷勤時，你將無法拒絕她所提出的強人所難的要求

俗話說：「天下沒有白吃的午餐」，當女性突然對你大獻殷勤，而你卻照單全收時，不久你就必須為此付出極大的代價。

比方說，某個原本並不很熟的女性突然提出邀請：「我有兩張電影招待券，我們一起去看吧！」這時只要對方不是貌如無鹽，我想大部分的男性都會欣然接受邀請，甚至暗自得意：「莫非她對我有意？」果真如此，那男性未免太愚蠢了。說不定女性早已看穿男性的心思，正在暗自竊笑呢！

當女性突然對你大獻殷勤時，先別高興得太早，最好先打聽一下她是否懷有其它意圖。那是因為，女性會突然大獻殷勤，通常就表示她有求於人，而且多半是「強人所難」之類的請託。一旦你接受了對方的殷勤，自然必須有所回報。

如果女性對男性真的具有好感，即使真的需要幫忙，也不會以強迫中獎的方式迫使男性

不得不答應伸出援手。

如果女性突然向你表示：「改天我請你吃飯」或「有件事我怎麼也想不透，可能得請教你了」，最好提高警覺，因為十之八九是有事要請你幫助。

按照常理，男性請女性吃飯乃是天經地義的事，因此當情形反過來時，女方自然會覺得：「我已經請你吃過飯了，今後如果有事要你幫忙，你總不好拒絕吧！」萬一你吃了她的飯，卻又拒絕她的請託，她必然會在背後罵你：「小氣鬼，居然好意思讓女人請客！」

為了避免類似的困擾，在尚未弄清對方真正的意圖之前，別說是吃飯，甚至連其它小殷勤，最好也不要接受。

●女性真的對男性懷有好感時，即使真的需要幫忙，也不會以強迫中獎的方式迫使對方答應伸出援手。

47 如果你因女性被其密友極力吹捧而信以為真，恐將錯失對方不欲人知的過去機會

一般而言，女性之所以會稱讚其它女性，多半是為了掩飾內心的妒意，同時也希望聽者能提出反駁。除此以外，女性也可能基於某種特殊心理而讚美同性。

在聚會當中，常常會有女性攜友前來，設法為其介紹對象。也許，她會對男友的某個朋友說：「我那個朋友溫柔、大方又善體人意，我覺得很適合你吔！」或者：「我那個朋友熱愛詩詞、文學，跟你一定很談得來。」似乎非把人湊成一對不可。

這種情形常見於感情親密，尤其是從學生時代就認識的女性之間。通常，已經結婚或有了男朋友的女性，對於好友的感情問題會格外熱心。每個女性都具有嫉妒心，即使是對自己的閨中密友也不例外。

但在她們自己的感情有了著落之後，這種嫉妒心理便會逐漸減輕。站在男性的立場，眼見要介紹給自己的女性如此受到同性的稱讚，本能地就會相信對方真的有那麼好（因為女性

是很少讚美同性的）。

只是，大部分男性在信以為真而與對方交往後，往往會有「上當了」的感覺。

女性之所以讚美同性，很多時候是為了顯示自己心胸寬大。因此，稱讚的內容常常與事實不符。

換言之，當女性讚美其好友是個「文靜、害羞的女性」時，事實上她很可能是一個「口無遮攔，放浪不羈」的人。

總之，如果你輕易相信女性對同性的讚美而決定接受後者，事後後悔的可能性相當高。如果你質問介紹人：「當初妳不是說她個性溫柔嗎？怎麼現在像個母夜叉一樣。」對方可能會回答：「也許我看走眼了，不過她也有其他的優點啊！」

●女性真心讚美朋友時，除了優點以外也會不忘提及其缺點。

48

如果你因女性表示不計較你的過去而鬆了一口氣，那麼有朝一日你也必須原諒她的出軌行為

前幾天，我看了一個專門討論「戀愛」的談話性節目。在出席的來賓當中，有位年輕女性表示：「當我真心喜歡上一個人時，絕對不容許他有和其它女性交往的經驗。因為，我相信他也希望自己是我唯一的男人。」這時其它幾乎出席的年輕人都搖著頭笑了。稍後，有出席的男性表示這種觀念「太過守舊」。

男性會這麼說我可以理解，但真正令我感到意外的是，在座的大部分女性居然也贊同男性的說法，認為「過去已經過去，又何必斤斤計較呢？」

我這才發現，現代女性對於感情和性，居然是抱持那麼開放的態度。不過，我認為她們也只是說說罷了，所謂「情人眼裡容不下一粒沙子」，誰能明知自己的男友或丈夫有過其它女人而毫不介意呢？

尤其是戀愛中的女性，獨占慾特別強，只要一想到自己的男友曾與其它女性如此卿卿我

我，就足以令她們發狂了。再一想到男友可能會拿自己和前任女友（們）作比較，那不打翻了醋罈子才怪。莎士比亞曾說：「戀愛使人的目光變得短淺、狹窄」，可說一語道出了女性的本質。一般而言，如果男友坦白說出自己的過去，女性多半會燃起熊熊妒火，無法心平氣和地接受。

因此，如果女友對自己的過去毫不介意或十分寬大，千萬不要以為她很善體人意或體貼，而應該認真思考一下她是不是真的喜歡自己。只有在愛情已經冷卻時，女性才會不在意男性的過去。再不然，就是女性希望自己的寬大，能夠換來男性對自己出軌行為的原諒。換句話說，女性之所以會以寬大的態度面對男性的過去，必然有其必須寬大的理由。

當你聽信女性「既往不咎」的保證而將過去的情史全盤托出時，無異於「自掘墳墓」。因為，有一天當你發現自己並非她的初戀時，她會振振有詞地反駁：「你以前不也交過其它女朋友嗎?為什麼我就不能認識其他男人?」所以，當女性向你保證：「告訴我你以前的戀愛經驗，我保證絕對不會生氣」時，最好不要輕易相信。

●女性愈是深愛一個男性，對其過去便愈發在意。

49 你以為凡事都幫丈夫打點得妥妥貼貼的賢妻，或許正隱藏著天大的秘密

象棋名人升田幸三，是典型的大男人主義者，家裡的事一概不管，妻子則必須負責打點一切事務。不過，升田太太在做決定之前，還是會先請示先生的意見。

例如，她不喜歡庭院裡擺著一顆大石頭，於是問丈夫該怎麼處理，升田先生回答：「挖個洞把它埋起來不就得了」。

在大多數男人的心目中，升田太太絕對是個典型的賢妻良母。但事實上，很多表面溫馴的女性，暗地裡卻是叛逆的。凡事都幫丈夫打點得妥妥貼貼、照顧得無微不至的女性，私底下可能正隱藏著一些不想讓丈夫知道的秘密。

有一對中年夫妻，雖然已經結婚多年，但感情仍如新婚一般，每天丈夫下班時，太太一定會幫他換上拖鞋，就連吃飯也要等碗筷擺好了才請丈夫上桌。

不料，有一天卻突然傳出她和情夫私奔的消息。

發生外遇的妻子，表面上都是屬於「賢妻良母」型。

類似的事件，在現實社會中其實並不少見。像某些平時工作認真、沈靜的女職員，卻突然爆發盜用公款的弊端，經過調查之後，還發現她在男女方面的關係非常複雜，或者妻子背著丈夫借貸大筆金錢等，都是很好的例子。這些女性有一個共通之處，那就是案發之前，她們都是衆人口中溫雅、嫻淑的女性。

真正的賢妻，會像升田太太一樣，面對重大的決定會先詢問丈夫的意見。反之，凡事都瞞著丈夫的女性，很可能會做出一手遮天的事情來。

●真正的「賢妻」，不會獨斷獨行，而會在面臨重大決定時先徵詢丈夫的意見。

50 聽信女人的謊言而誤以為她熱愛家庭時，婚後你會發現她每天都在抱怨

在雜誌，週刊舉辦的「你最想與之結婚的女星是誰？」的票選活動中，獲選的多半是看起來比較家庭化的女星。

由此看來，男性還是認為「賢妻良母」型的女性才是「理想的妻子」。問題是，女性適不適合家庭，很難從言行或外表看出來。有些女性一天到晚把「家庭為重」掛在嘴邊，但實際上並非如此。在她們當中，有的甚至連煮飯也不會呢！

在一份探討離婚問題的雜誌上，我看到一篇由一個結婚半年就宣告仳離的男性的投書，覺得很有意思。這位男士與妻子是相親結婚的。相親當天，女的告訴他：「我覺得人生最大的價值，就是建立一個幸福的家庭。」這句話聽在曾向其他女性求婚，卻被對方以「不想一輩子被家庭綁住」為由加以拒絕的他耳裡，感受自是截然不同：「就是她，她就是我心目中理想的女性。」兩人不久就結婚了。

婚後他才發現，妻子和當初她所給他的印象完全不同。她不但不愛料理家務，而且整天只知吃、喝、玩、樂。在忍無可忍的情況下，他終於決定訴請離婚。「當初我完全是被她的謊言給騙了」，他的話中有著無限感慨。

當然，這位男士所說的只是他的一面之詞，事實是否真是如此我們不得而知。一般來說，女性愈是將「家庭」視為唯一的人生價值，愈容易對現狀感到不滿。

換言之，當女性表示「一切以家庭為重」時，心裡往往隱藏著複雜的情緒，亦即它可能是某種不滿的反動。

以前例的那位女性來說，她很可能是對自己原先的工作有所不滿，並認為結婚是擺脫現狀的最好方法，所以才會說出「家庭是我生命價值所在」的話來。如果你輕易聽信其謊言，那麼你可能會娶到一個對家庭、家務一竅不通的妻子。

●真正屬於「賢妻良母」型的女性，即使必須工作，一樣可以從工作中找到生命的價值。

51

如果你以為女性在你說明時點頭就表示她真的瞭解，稍後你將必須負責為她收拾殘局

女性除了在言語上說謊以外，在動作上也經常說謊。就會點頭來說吧！女性常常在聽他人說話時，一邊聽一邊點頭：「嗯、嗯！」、「哦，原來如此！」，似乎已經完全瞭解的樣子。但事實上，大多數的情況是；她根本不知道對方在說些什麼。對女性而言，邊聽他人說話邊點頭乃是一種自然動作，主要是在配合對方說話的節奏。

我經常應邀向女性發表演講，會後總會有一些女性向我提出尖銳的問題。這點頗令我感到欣慰，因為這證明她們確實用心傾聽，而且對我演說的內容相當瞭解。反倒是那些在我演講時點頭點得最兇的女性，不是會後完全不發問，就是即使發問了，也無法掌握重點。

女性在聆聽他人說話時不斷點頭，嚴格說起來乃是受到現場氣氛感染而表現出來的本能反應。

因此，當你交代新進的女職員一些新工作，並就其內容加以說明時，如果對方邊聽邊點

女性點頭附和不表示她真的理解，只是為了配合當時的氣氛而已。

頭，而且點頭的動作一成不變，那就表示她根本聽不懂你在說什麼。

尤其是，在你說明完畢之後她並未提出任何問題，那就更加證實了她完全不知道你在說些什麼。在不知道內容的情況下，當然不可能提出問題。

如果你把事情交給對方去做，那麼最後要負責收拾殘局的人一定是你。

●女性真的瞭解談話內容時，一定會提出切中核心的問題。

52 因女性表示「頭一次這麼喜歡一個人」而自鳴得意時，不久她可能會以「從來沒這麼討厭過一個人」為由要求分手

不論男女，在有關愛情方面，多少都會有點誇張和帶點說謊的成分在內。

以女性為例，當女性說：「我喜歡你」時，可能是真心話，也可能只是為了引起對方的注意或一時的感情衝動。如果男性對女性的熱情示愛照單全收，可能在不久的將來就會嘗到被對方羞辱的滋味。

某個已有妻室的中年男性，在一次聚會裡和女性部屬發生了親密關係。原先他只是抱著玩玩的心態而已，不料那個女的一句「我頭一次這麼喜歡一個男人」，卻將年屆花甲的他迷得暈頭轉向，甚至認真考慮起和妻子離婚，與新歡共效于飛的問題來了。但是隨著相處時間的增加，女的對他卻愈來愈冷淡，最後兩人終於走上分手一途。

當女性對男性說出熱情洋溢的愛語時，與其說她是真心喜歡對方，不如說只是一時的感情衝動罷了。

女性如果真心喜歡一個男人，通常不會貿然說出如此肉麻的話來。此外，仔細分析一下「我頭一次這麽喜歡一個男人」這句話，不正意味著過去她曾與不只一個男性交往過嗎？講難聽一點，搞不好她也曾對其它男人說過同樣的話呢！

只有歡場女子才會老把「你是我的唯一」、「我第一次有這種感覺」這些話掛在嘴邊。當然，尋歡客心知肚明自己不會是對方的唯一，只是這類甜言蜜語，還是足以令他們樂上半天的。

但，如果天真地以為對方說的是真心話，總有一天你會自取其辱。男性必須知道的是，女性如果真心喜歡一個男人，絕對不會輕易地把這些話掛在嘴邊。

●女性真心喜歡一個男人時，反而不會輕易吐露愛語。

53 如果因女性告訴你其他女同事對你有負面批評而垂頭喪氣，那你就中了對方的詭計

女性常常將自己的想法假他人之名表達出來，藉此觀察聽者的反應。男性如果不瞭解女性的這種慣用伎倆，很容易便會信以為真。

任職於某公司的A君，有一天被資深的女同事B小姐叫到一旁：

「公司裡有些女同事對你有不好的批評吔！」

提醒他注意。根據B小姐的說法，那些女同事因為不滿A君對同事C小姐特別照顧，所以故意在背後批評他。

A君確實對C小姐懷有好感，但他自問在工作上並未特別偏袒對方。只是，為了避免招惹更多閒言閒語，他開始刻意避開C小姐。

直到後來A君才知道，其它女同事並未批評自己，倒是B小姐因為對自己不滿，所以才假借他人的名義批評自己。

傳達流言給當事人的女性，往往就是散播流言的人

這種謊言看似輕微，對男性所造成的傷害卻不容忽視。

女性即使對某人懷有不滿，也沒有勇氣當著對方面前說出來，但不滿總得宣洩，於是便想出「借刀殺人」之計，這樣自己既不必負任何責任，又可看著對方受苦，何樂而不為呢？

●女性若真對男性招致惡意批評感到同情，就會設法在批評傳入男方耳朵之前予以消除。

54

如果你因女性突然對工作熱心而放心地把新工作交給她，有一天你會因她中途改變心意而手足無措

所謂「女人將工作視為結婚的踏腳石」，是對女性工作態度的一種揶揄。不過，女性有時也會抱怨：「老是叫我做些倒茶，打字的瑣事，真沒意思」。一般而言，女性對於工作的熱忱，的確不及男性。

因此，當某個女部屬突然對工作表現出高度熱忱，即使加班也毫無怨言時，上司在驚訝之餘，當然也會很高興，有時更因而把更重要的工作交付給她。問題是，女性之所以會熱中於工作，多半不是因為她對這項工作感興趣，而是為了掩飾或藉著忙碌遺忘某些自己不願觸碰的事情。

換言之，埋首於工作只不過是一種變相的「逃避行為」。例如，女性為了忘卻失戀的痛苦，常常會利用工作來痲醉自己。

十八世紀擔任俄羅斯女皇的艾卡特利娜二世，原本只是德國一個小領主的女兒，因為嫁

給了皇帝才得以飛上枝頭當鳳凰。然而，她的丈夫飄特爾除了性慾過人之外，在其它方面均表現得十分低能，再加上婆婆又十分嘮叨，以致年輕的艾卡特利娜只好藉埋首於學習俄羅斯語言、歷史及地理來忘卻心中的苦悶。此外，她還說得一口流利的法語、希臘語，對文學、歷史、哲學均有深入的研究。

促使艾卡特利娜發憤苦讀的原動力，是對丈夫、婆婆的不滿。同理，女性也可能會為了逃避困擾而埋首於工作中，然而一旦困擾解決，她對工作的熱忱也就不復存在了。如果身為上司的你以為她會從此轉性，一直對工作保持高度熱忱而把新工作交給她負責，總有一天你會大嘆後悔莫及。

女性真正樂於工作時，常常會有許多出人意表的創意顯現；反之，如果工作只是照章行事，那麼你就必須懷疑她的埋頭苦幹，可能只是為了逃避某些事情。

●女性真的樂於工作時，對於自己所做的事必然會有頗具創意的表

55

當你因為女性表現得有如聖女而放棄非份之想時，

有一天你會發現自己吃了暗虧

在日本赫赫有名的福富太郎先生，年輕時曾花了九年的時間追求一名酒店女侍。這名女侍雖然置身於環境複雜的酒店，可是卻堅持不賣身的原則，不但拒絕了福富先生等酒客的追求，甚至連陪客人喝酒都不肯。

有一天，這名女侍突然像變了個人似地。在某個才藝表演大會上，她突然跳上舞台，隨著音樂逐漸脫去身上的衣服，看得福富先生目瞪口呆。更令人驚訝的是，不久便見她跟店裡的一名男性員工手牽手走了出去。

眼見心愛女子的異常行為，福富先生這才明白什麼叫做「會咬人的狗不會叫」。原先他真的以為對方是個害羞、保守的女性，沒想到她居然會做出如此放浪的行為。一般而言，當女性內心隱藏著不欲人知的秘密時，表面上往往會採取與內心想法相反的行動。

例如，金錢慾望極強的女性，表現於外的是她並不重視錢財；而性慾極強的女性，則會

表面上禁慾的女性，內心往往隱藏著熾熱的情慾。

表現出鄙視性愛的態度。

換句話說，有些女性表面上看來似乎十分保守，不但滴酒不沾，而且對男性的引誘視若無睹，但其內心深處或許正隱藏著強烈的慾望也說不定。

此外，愈是勉強壓抑內心的慾望，爆發時的威力也就愈大。

當然，也有很多女性確實非常保守，過著近乎禁慾的生活，但男性是無法光憑外表看出這一點的。在這種情況下，能否看清女性的本質便顯得格外重要。

●真的守身如玉的女性，即使和男性相偕外遊，也不會讓對方越過最後一道防線。

56 如果你答應讓女性分攤出遊費用，今後恐怕很難再約到她了

在離婚率居高不下的美國，由於丈夫必須支付下堂妻贍養費，因此視結婚為畏途的男性愈來愈多。

有關支付贍養費的制度是否合理，我相信是很多男性共同的疑問。對此，我的一個朋友有他的看法。

法律規定，男女婚後的財產為二人所共有，因此一旦離婚，雙方均有權得到其中一半，這就是支付「贍養費」的根據。問題是，感情和婚姻並非商品，無法用一個數字來釐定它的價值，否則婚姻持續期間雙方各自的收入和支出，以及婚前花在約會上的錢，也應該一併列入計算才對。

這個說法是對是錯，我們姑且不去討論。不過，女性不論是在戀愛期間或婚後，只要是和男性在一起，似乎都將由對方付費視為天經地義。

在女性看來，這是一種「愛的表現」。

反過來說，女性之所以答應讓男性請客，也是一種「深愛對方」的證明。

約會時，如果女性表示：「這次由我來付錢吧！」那男性可要特別注意了。千萬不要天真地以為她是想要減輕你經濟上的負擔，事實上這表示她希望與你保持距離。

「不能每次都讓你破費」、「下次再讓你請吧！」如果你因女性這麼說而讓她付了錢，下次你或許再也約不到他了。

女性自掏腰包是一種極端見外的表現，也是一種希望保持距離的暗示，這點男性務必牢記在心。

●女性真正喜歡一個男人時，會坦然接受由對方代自己支付費用。

57

當你以為女性說「婚後還要繼續工作」是認真的時，婚後你會發現她只想當個家庭主婦

現在的年輕女性，結婚之後多半仍會繼續工作。在她們的心目中，老一輩女性婚後即辭職在家相夫教子的生活模式，已經落伍了。根據我對周遭年輕女性所做的一項非正式調查，她們多半回答：「婚後還要繼續工作」、「希望能在經濟方面幫丈夫分擔一點」。

不過，如果你以為表示「婚後還要繼續工作」的女性真會當一輩子職業婦女，那你就錯了。那是因為，女性婚前和婚後在想法上會有很大的改變。萬一那天她覺得上班沒意思了，立刻就會向丈夫提出「辭職在家」的要求。

友人的女兒結婚時，周遭的朋友都反對她婚後繼續工作，理由是她的工作經常需要加班，勢必很難加班。倒是她本人相當堅持女性婚後應該繼續工作，並且很有自信地表示：「沒問題，我一定可以兼顧家庭與事業的。」不料不到一年，便傳來她打算辭職的消息，即使丈夫自動表示願意分擔家務，她也不肯改變心意。

女性婚前、婚後所說的話常常會有180度的大轉變。

後來丈夫問她：「婚前妳不是主張女人婚後仍然應該繼續工作嗎？」結果她毫無愧意地表示：「那是我結婚前說的話」、「當時我確實是那麼想的。」由這個例子可以知道，女性不管抱有多麼遠大的理想，一旦結了婚，很容易就會養成依賴丈夫的心理，喪失對工作、勞動的熱忱。因為有丈夫作為依靠，女性婚前即使對工作或工作環境不滿，也會極力忍耐，但婚後卻常常為了一點小問題就辭職。

所以，男性如果相信女性婚前所說的話，將妻子的收入納入家庭收入的一部分，那麼你將會發現自己打錯了如意算盤。

●女性真的想在婚後繼續工作的原因，通常是因為她對丈夫的收入不甚滿意。

58

如果你以為在你低潮時來安慰你的女性是真的關心，你的弱點將會成為她手中的王牌

好幾年前有部名叫『最後的審判』的賣座電影，想必很多讀者都曾經看過。電影中的男主角，是一位因酗酒而導致酒精中毒的律師。有一天，他接了一件控告醫院過失致死的案子，想要藉此東山再起。只是，他仍然沈溺於酒精之中無法自拔。就在這時，他認識了一名美麗女子。這名女子非常瞭解他的痛若，於是不斷地從旁鼓勵他，並在工作上成為他的助手。律師因為女子的支持與付出而對她極為信賴，甚至還在不知不覺中愛上了她。

不料最後她才發現，原來她竟是對方律師派來臥底的。所幸，經過種種努力之後，這位律師終於打了一場漂亮的勝仗。這部電影的最後一幕，是女主角打電話給律師，而律師卻面無表情地注視著鈴鈴作響的電話。

這部電影對女性「好意」背後可能懷有的不良意圖，有非常深刻的描寫。例如，女主角故意在律師最低潮的時候趁虛而入，扮演支持、關懷的角色，逐漸取得律師的信任，最後並

且滲入他的生活當中。嚴格說起來，女主角之所以能夠詭計得逞，是因為對手正處於人生的低潮。如果律師一帆風順，那麼就算她用盡心機，恐怕也無法使對方落入自己的圈套。

或許是出自母性的本能吧?!女性一向喜歡照顧他人、同情弱者。不過，在溫柔的背後，並不表示女性真的關心對方。

像前述電影裡的女主角那樣，懷有不良企圖故意接近男性的例子，畢竟只是少數，但與其說女性關懷失意男性是出自一片好意，倒不如說是好奇的成分居多。例如，當你被上司訓斥之後回到座位上時，一定會有女同事上前柔聲問道：「怎麼了？一切都還好吧？」這時她可能是真的想要安慰你，但更大的成分是她想要知道事情的原委。

如果你看不清女性的真正意圖而把被罵的原因和盤托出，那也就等於把自己的弱點暴露在對方面前。

真正關心男性的女性，是不會在男性受挫時立刻上前詢問的，因為她知道這樣只會使其心情更加低落。相反地，她會等過了一段時間以後，確定男性的心情已經恢復平靜，才以「不要洩氣」等話語幫他加油、打氣。

●女性真心關懷一個人時，通常會等事情過去以後再為對方加油、打氣。

59

當女性說「我再打電話給你」而你信以為真時，你不僅等不到對方的電話，還會被視為遲鈍

我這麼說或許有點誇張，但是我認為戀愛中的女性，基本上是一種「等待」的動物。以打電話為例，根據非正式的統計，男女朋友之間多半是男的打給女的居多。這種由男性主導的交往方式或許已經落伍，但是從另一個角度來看，這未嘗不是女性向男性「撒嬌」的一種方式。

女性在和男朋友道別時，總不忘叮囑對方：「別忘了打電話給我，我等你電話喔！」其實，真的有事的話，女的直接打給男的不就好了嗎？問題是，女性認為男性打電話給自己，是一種愛的表示。

同理，女性這種「等待」的行為，就是一種積極的愛的告白。

當然，並非所有的女性都如此被動。有時我們也會聽到女性告訴男性：「我再打電話給你。」

剛交往不久的女性這麼說時，有些涉世未深的男性會暗自竊喜：「她居然說要打電話給我，由此可見我還是蠻有魅力的。」當然，也有人會感到狐疑：「為什麼她不讓我打給她，而自己說要打給我呢？」

原則上，女性都希望男性主動打電話給她。一旦女性主動表示要打電話給男的，多半即意味著：「我不想接到你的電話」或「我們倆就到此為止吧！」換言之，女性向男性表示「我會打電話給你」，其實是一種委婉的拒絕。

如果男性看不透女性的本意，還痴痴地守在電話旁邊苦等，最後終因久等不至而致電詢問原因時，只怕正在等另一個男性的電話的她，會在心裡嘲笑你的「遲鈍」呢！

●女性對男性懷有好感時，通常會要求男的打電話給她。

60 如果你為女性表示「我是為你而精心打扮」感到高興，你將無法認清她已移情別戀的事實

日本作家三島由紀夫在其小說『美德的外遇』中，將女性偷情稱為「外遇」。有位背著丈夫與人偷情的妻子，有一天到唸小學的兒子學校參加母姊會。由於這天她沒有向赴其它男人約會時一樣精心打扮，因此兒子從學校回來後立刻向她發難：「媽媽，妳今天不像平常那麼漂亮哦！」經兒子這麼一說，做母親的這才領悟到，自己和情夫約會時的確都經過一番精心打扮。

俗話說：「戀愛中的女人是最漂亮的」。那是因為，一般女性在有了男友或丈夫之後，總是希望在心上人的面前表現出自己最美的一面。另一方面，女人也是非常重視外表的，即使平時在丈夫面前非常邋遢的女性，外出時也會好好打扮一番。

女性和男性一樣，都存有「釣上來的魚不必再餵餌」的想法。而在執行上，女性甚至做得比男性更徹底。

女性通常不會為「眼前的男人」打扮。

也就是說，女性不會為了自己的男朋友或丈夫花費大筆金錢來打扮自己。

當女性表示要做全身美容或整型手術時，通常不是為了取悅丈夫或男友，而是希望將自己最美的一面呈現在其它男人面前。

當然，在丈夫面前，她還是會說：「我是為了你才希望自己變得更漂亮的」，如果丈夫信以為真，那就上當了。

因為當你正為她的話而深受感動時，她正背著你跟其他男人偷情也說不定。

●女性真心為自己喜歡的男人裝扮時，是不會刻意讓他知道的。

《女性本意名言集①》

＊對女性愈冷淡，愈容易博取她的好感。

——普西金

＊心隨相轉。

——世阿彌

＊有三種東西會對女性造成強烈影響，那就是利害、快樂與虛榮心。

——戴德羅

＊微笑的女性，多半表示已經到手了。

——英國諺語

＊女性比男性容易哭泣，而且對於令自己哭泣的事情，記得比男性更牢。

——安利德雷湦

＊女性不管心中再怎麼悲傷，也不會沒有容納諂媚及戀情的餘地。

——馬利佛

＊女人的心情如太陽般陰晴不定。

——兼好法師

＊當女性深愛一個男人時，總是唯恐對方不愛自己。反之，當她不愛一個男人時，卻總是認為對方深愛著自己。

——德瓦耶

＊女性早在穿上圍裙之前，就已經想好藉口了。

——愛爾蘭諺語

第四章

拆穿乖戾女性的謊言

——獻給四度受騙仍不知有所警戒的您

61 當你因女性自嘲太傻而屈服時，就表示你必須承擔一切失敗的責任

一位知名女漫畫家和一名在政府單位服務的有婦之夫發生婚外情，後來因感情破裂而爆發開來，一時成為城中熱門話題。

這位女漫畫家在被對方甩了之後，曾用「自嘲」的語氣說道：「我都已經年過三十了，居然還看不清楚這種男人的真面目，實在是太傻了。」

這番自嘲看似自我反省，實際上卻是另有含意。換言之，她的本意並非怪自己「太傻」，而是說：「我傻到被你騙了」，帶有責怪對方的意思。因為責備對方只會使自己顯得更加悲慘，因此女性常常以自嘲的方式，婉轉地表達出責怪對方的本意。

像這樣，當女性用自嘲的語氣說：「我真傻」時，並不表示她承認自己的失敗，而是藉此來責難、反擊對方。

也就是說，當女性表示：「我會被那個男人所騙，真是傻啊！」或是：「我會在這種公

司工作，真是傻啊！」言下之意就是：「都是那個男的或公司不好，不是我的問題」，亦即將責任推到對方身上。

男性之所以自嘲，是因為深切的失敗感，女性則多半不認為失敗是自己的責任，認為自己才是受害者，因此，自嘲乃是為了博取他人的同情。

女性如果認為自己真的很傻，是不會輕易說出來的。唯有在企圖轉嫁責任或祈求他人的援助時，才會採取這種「自嘲」的方式。

因此，當女性對你說：「我真傻」的時候，最好的方法就是不予理會。一旦你表示同情或支持的話，可能就必須負起收拾殘局的責任。

●女性真的認為自己很傻時，絕對不會輕易接受男性的援助。

62 如果你因女性流淚而驚慌失措，那麼你就必須滿足她的一切要求

有句西洋諺語說：「沒有任何東西像女人的眼淚那麼快乾」。眼淚，可說是女性對男性所說的最大謊言，女性之所以在男性面前流淚，出發點都是基於欺騙。更何況，女性的淚腺特別發達，未必只有在悲傷時才會流淚。

某位導演曾說，在拍哭戲時，男演員多半需要藉助眼葯水，但女演員卻可以說哭就哭，即使是新人也不例外。

由此可知，女性堪稱為「哭泣」高手。

女性在某些方面和小孩子非常類似。例如，當事情的發展不如己意時，女性和小孩子都有本事立即放聲大哭。

小孩子基於經驗和本能，知道哭泣可以取得他人的原諒或達到自己的要求；因此，小孩子的哭泣多半是懷有目的的。在這一點上，女性也是同樣的情形。女性知道眼淚可以令男性

手足無措，棄甲投降，當然會善加利用。

由這個意義來看，眼淚可說是女性用來對付男性的最佳武器。如果看不清女性眼淚背後的謊言，一哭便遂其所願，那麼男性將只有被牽著鼻子走的份兒。這就和小孩子在發現哭可以令大人投降，達到自己的心願以後，必然會一再重施故計一樣。

女性真正打從心底感到悲傷時，反而不會在男性面前哭泣，而會一個人躲起來偷偷地哭。因此，當女性在人前流淚時，以欺騙的成分居多。男性對抗女性「眼淚」的最好方法，就是「保持沈默」。

●女性真正感到悲傷時，通常不會在人前流淚，而會一個人躲起來偷偷地哭。

63

勿因女性臨時說「不」而放棄，否則你將被判永遠出局

以前，女性對男性言聽計從是一種美德，最近這種觀念似乎已經改變，女性反而掌握了比男性更多的主動權。據某位人士表示，近來男女上賓館幽會時，站在門前裹足不前的多是男性，反倒是女性表現得非常大方、鎮定。由這點不難看出，現代女性的作風確實愈來愈大膽，行事作風有時甚至比男性還要開放。

不過，也有女性只是外表大膽，真正到了緊要關頭卻忽然退縮了。如果你因此而認為對方是一名純真的女性，那倒也未必。

以上旅館為例，真正純真的女性，既然答應和對方上旅館，就表示已經有獻身的準備，因此多半不會臨陣退縮。

反之，如果她真有心拒絕，則一開始就不會答應和男性進旅館。答應上旅館在前，之後卻又扭捏作態的女性，多半只是作作樣子而已。為的是維持僅有的自尊，使自己處於比較有

臨上床前故作矜持的女性，以渞女居多。

利的地位。根據這點來看，你所碰到的絕對不是一個單純的女性。

這時，如果你因女性扭捏作態而宣告放棄，對方反而會認為你太過膽小，將你列為拒絕往來戶。

●真正缺乏性經驗的女性，有時反而表現得十分大膽。

64

女性說「我被男人拋棄了」而你信以為真時，

或許有一天你會成為被拋棄的那個人

日本平安時代有個女流歌者和泉式部，對於吸引男性有其獨到之處。她所採用的招術只有一個，那就是扮演「被拋棄者」的角色，使男人在毫無戒心的情況下接近自己。

和泉式部是一名多情女子，即使已有要好男友，一旦發現有其它男人對自己感興趣，還是會向對方猛送秋波。此外，她還會送男性自己作的歌，內容不外是「我又被拋棄了」、「我將孤獨度過此生」等等，企圖藉此使男性由同情轉為愛憐。結果證明，大多數的男性都很吃這一套。

問題是，像和泉式部這種女性，是不會只滿足於一個男人的。一旦找到新的目標以後，她會毫不猶豫地將先前的男性甩掉。

儘管時代變遷，但是有關女性的這個特點，在本質上並沒有改變。換言之，現代仍有不少女性像和泉式部一樣，藉著扮演「被拋棄者」的角色來蠱惑男性。

當女性用悲傷的語氣告訴你：「我被拋棄了」時，你會怎麼樣呢？切記，這看起來楚楚可憐的女性，很可能是抱著玩弄你的心態來的，因此最好不要太過認真。如果你太過認真的話，或許很快就輪到你扮演被拋棄者的角色了。

如果是初戀則另當別論，但是一般而言，當成熟女性向男性表示：「我被拋棄了」時，背後必然隱藏著其它目的。也就是說，這只不過是「博取男人的同情」、「為自己的不斷換男朋友」所找的藉口。真正被男性拋棄的女性，表面上反而會裝出一副「是我把對方給甩了」的樣子。

●女性真的被男人給甩了時，通常會說兩人是因意見不合而分手。

65

當女性表示「那個女的討厭我」而你信以為真時，

小心捲入女人的戰爭裡面

有人說，男人的謊言偏重理論，女人的謊言則流於感情。的確，即使只是個小謊言，男性也會事先設想各種可能，使其更具有可信性。反觀女性，則多半是想到什麼就說什麼，事前絲毫沒有計劃。

某個女性指著一位資深的女同事，對在同一公司工作的男友說：「她似乎不太喜歡我」。原本喜歡、討厭這種感情是很主觀的，但是這時男性多半不會想到這一點，而會完全相信女友所說的話。

事實上，女性說「她不喜歡我」，可能只是為了使自己的攻擊行為正當化而已。至於動機則有很多，例如，對方是工作能力比自己強的前輩，而自己不巧只因做錯事遭對方責備，因而懷恨在心。為了使自己的報復行動正當化，很多女性會產生被害意識，說服自己是因受到攻擊才採取防衛的。像這樣，原本是自己的錯，女性會藉著一句「她不喜歡我」或「她太

女性給他人「貼標籤」只是為了使自己的攻擊行為正當化。

囂張」，將責任推到對方身上。

不論對方是前輩或同事，只要是自己不喜歡的人，女性都會自動幫對方貼上標籤。當然，她們所說的也可能有幾分真實，但是從客觀的立場來看，還是以說謊的成分居多。

另一方面，當女友說自己是個「受害者」時，男性多半深信不疑，並且寄予同情。

如此一來，你將無可避免地捲入女人與女人之間的戰爭，而這是最最不智的。

●女性真的與人發生敵對關係時，表面上反而會和對方和睦相處。

66 當女性誇大其小缺點而你信以為真時，你將喪失發現她最大缺點的機會

女性常常會主動向男性承認自己的缺點：「我的鼻子太扁了」、「我的動作太慢」。在這種時候，男性最容易上女性的當。

這話怎麼說呢？女性只是表面裝出坦白的樣子，背地裡其實另有文章。當然，她說的鼻子太扁、動作太慢可能都是事實，但她的缺點絕對不僅如此而已。換句話說，女性之所以將一些小缺點公諸於世，是為了掩飾更大的缺點。例如，說自己「鼻子太扁」的女性，可能是為了掩飾自己器量狹小的事實；說自己「動作慢」的女性，可能是為了掩飾自己懶得連油瓶倒了都不肯伸手把它扶起的事實。

如果你認為女性肯招認自己的缺點就表示她很正直，那麼最後你會發現，她所說的缺點，其實只是她衆多缺點中最微不足道的一點而已。

某位男士一直在為該不該與一位相親認識的女孩結婚而迷惘。對方家境富裕，向來任性

慣了，因此，他很擔心對方能不能當個賢妻良母。

有一次，他假裝不經意地問她會不會做家事，詎料對方立刻露出慚愧的表情：「真慚愧，我對做菜一竅不通。」男的心想：「只是不會做菜而已，那倒還好嘛！」此外，女方的坦白也令他產生了好感，於是他便放心地和她結婚了。

婚後他才發現，妻子不但不會做菜，甚至連其他家務也一竅不通。

女性通常會極力掩飾自己的缺點，會說出來的，往往只是一些微不足道的小缺點。只是，當男性看到女性坦白說出自己的缺點時，反而會覺得：「這並不是什麼缺點嘛！」、「這個小缺點反而顯得她更加可愛」，內心產生一般莫名的感動。男性一旦產生這種心理，就再也看不到對方的任何缺點了。

所謂「逐鹿者不看山」，就是這個道理。當你將注意力集中在某個部分時，便很難看見整體了。

●女性對真正在意的缺點，是絕對不會說出口的。

67 當你因女性自責而表示同情時，反而會助長其氣燄

女性的「自責」和「眼淚」一樣，都是謊言的代名詞。當女性表示：「我真糟糕」時，男性可要提高警覺了。

女性一旦犯錯，即使只是微不足道的小過失，也會在男性面前擺出泫然欲涕的表情：「對不起，我真差勁，居然連這點小事也做不好」。任何男性聽到對方的自責，都會心軟：「算了，這種小事說它幹什麼！」反過來百般安慰對方。殊不知女性的自責，其實是在為自己的過錯找下台階，同時也是為了博取男性的同情。

面對一個不斷自責的女性，誰又忍心多加苛責呢？

一旦女性從經驗中得知男性無法應付自責的女人，就會善加利用這點為所欲為。反正事後只要表現出自責的樣子，男性最好多加注意。

一般而言，女性如果真的意志消沈或自責，為免自己喜歡的男性擔心，反而會在對方面

女性自卑多半只是為了博取男性的同情。

前表現得非常豁達。反之，當女性用陰暗的表情，配合自責的語氣說話時，多半只是故作姿態贏取同情而已。這時如果男性表示同情，反過來好言相勸，很可能她會在你背後得意地吐舌頭，扮鬼臉也說不定。

●女性真的認為自己很糟糕時，反而會裝出一副毫不在意的樣子。

68 當女性表示身體不適而你為她擔心時，那你只能一輩子對女人言聽計從了

有一次，我應邀到某企業發表演講，結果因為胃不舒服而到他們的醫務室去拿葯。負責駐守醫務室的醫生，是一個足以媲美電影明星的美男子，這點頗令我吃驚。演講結束後，我對總務處的人員表示：「有這麼一個美男子看病，你們公司的女生可真幸福啊！」

對方聞言大笑：「自從這位醫生就任以來，因為身體不適而前去看病的女性員工，比以前增加了三、四倍。」

假裝生病以引起某人的注意，是女性慣用的伎倆。那是因為，男性一向扮演強者的角色，假裝生病不但不能引起女性的同情，反而會給對方留下「弱不禁風」的印象。至於一向扮演弱者的女性，裝病只會使她更加惹人憐愛，甚至激發男性的保護慾。也就是說，就引起異性的同情而言，女性裝病的效果遠比男性來得好。

有些平時在家裡什麼事都不肯動手的男性，一聽太太說：「我的頭好痛」、「我覺得身

體好難過」，就會立刻變得勤快起來。我想，這也正是為什麼女性喜歡用裝病來博取男性同情的原因所在。

當女友表示：「我最近胃口不好，什麼都不想吃」時，大多數男性的心態都是：「只要妳肯吃，再貴的山珍海味我也會買來給妳吃。」或許有人會覺得我對女性的猜疑心太重，但是不可否認地；女性確實非常善於利用「身體不適」作為藉口。

如果女性真的身體不適，脾氣往往會變得格外火爆，這時男性就必須展現柔情的一面，給予無微不至的關懷。但如果女性只是嘴巴說說，臉色或表情並沒有不舒服的樣子，那麼男性愈是表示關心，她就愈得寸進尺。

這時最聰明的作法，是在不致讓她覺得你不夠關心的情況下，以口頭方式給予安慰。

●女性真的身體不適時，情緒多半十分惡劣。

69

勿因女性抱怨在工作上受到差別待遇而表示同情，否則有一天她會把自己的工作賴到你身上

有些女性不但人長得漂亮，而且頭腦聰明、工作能力過人。像這樣的女性，周圍的男性當然會對她另眼相待。

可惜的是，才貌兼具的女性，畢竟只是少數。

姑且不論長相，被評為「能幹」的女性，多半能夠將他人交付的任務做好，甚至還積極參與男性的工作。

對於這類女性，男性通常會大表歡迎。

至於不受男性歡迎的女性，則是那些連自己分內的事都做不好，卻還整天抱怨：「為什麼女職員就只能做些打字、倒茶的工作呢？這根本就是歧視女性嘛！」、「夫妻應該是平等的，因此丈夫也必須分擔家務才行。」

這種只知要求而不知自我反省的女性，是最缺乏魅力的。

我無意跟「男女平等論」唱反調，只是在你附和女性所謂的不平等待遇之前，是不是應該先看看她們平日的作為呢？

如果她們把自己分內的工作做得很好，的確應該受到平等的待遇。但如果她們連自己的事都做不好，又如何怪別人不把重要的工作交給她呢？

女性之所以抱怨受到不平等待遇，其實是為了逃避目前正在進行的工作或家事。如果男性從旁加以附和，只會讓她們變本加厲，堂而皇之地拒絕手上的工作。

●真正主張男女平等的女性，絕對不會不管手邊的工作。

70 當女性表示不喜歡大排場而信以為真時，結婚時你可能會有一個豪華婚禮

美國總統的妻子貴為第一夫人，經常必須出席各種社交場合，因此，幾乎每個人都是社交高手。唯獨首任總統喬治・華盛頓的妻子瑪莎是個例外。對瑪莎來說，前往社交重鎮紐約，是一件非常辛苦的事。瑪莎原本就不習慣豪華的場面，而目不識丁的她，對社交更是心存畏懼。在當時的美國，女人不識字的情形相當普遍，只是和副總統阿達姆斯的妻子一比，瑪莎難免相形見拙。

阿達姆斯夫人受過高等教育，是一名知識份子。而總統夫人和副總統夫人經常會在社交場合裡碰面，旁人難免會拿她們作比較。這點令瑪莎感到十分難堪。事實上，瑪莎的擔心是多餘的。

一開始時，人們的確認為阿達姆斯夫人在各方面都勝過瑪莎，但是經過一段時間以後，人們反而愈來愈喜歡瑪莎純樸、自然的作風。

在此我所要說明的是，當女性表示不喜歡參加宴會等社交活動時，理由不外是「我不會喝酒」、「這種場合令我覺得不自在」、「我覺得太虛假」。如果你因此而認為她說的是真心話，那就錯了。

因為，女性之所以表示討厭社交，多半是和瑪莎一樣，由於自卑感作祟所致。一旦她的自卑感消失了，你會發現她其實是相當熱愛社交活動的。

導致女性自卑而不願出席社交的女性，通常會以「頭痛」、「身體不舒服」等男性無法說服她的理由作為藉口。要言之，女性只要不是非常討厭與人相處，所謂不喜歡參加宴會，十之八九是在說謊。

如果女性說她討厭大場面的宴會而你信以為真，那麼等到你們倆結婚時，她可能會要求一個盛大、豪華的婚禮，即使用光全部積蓄也在所不惜。

●真的討厭社交的女性，所舉的理由常常讓男性沒有說服的餘地。

71 如果相信女性酒過三巡所說的話，那麼你將會一直被她牽著鼻子走

據在某企業擔任人事主管的朋友告訴我，當他決定拔擢一名女性出任課長時，幾乎所有的男職員都強烈反彈，但是過了不到半年，這些男職員都對新任的女上司表示心服口服，甚至有不惜為她赴湯蹈火的決心。

究其原因，原來是這位女課長雖然在工作上要求十分嚴格，但下班後卻經常和部屬們一起出去喝酒。

酒過三巡之後，她會用悽惻的聲音說道：「我是個女的，又當了課長，以致周遭的人都對我另眼相待，令我覺得非常孤獨……」這話一出，男部屬都感到十分訝異：「沒想到她也有這麼軟弱的一面。」

在惻隱之心的驅使下，大家都樂於為課長賣命。

我認為這位女主管很懂得利用女性的天賦來收攬人心。也就是說，她假裝不經意地洩露

女性的軟弱多半是為了引起男性的注意或吊男性的胃口。

「嚴厲的女上司也有她脆弱的一面」的訊息，藉此贏取男部屬們對自己的向心力。

本來，女性如果要展露本性，只要順著感情走即可，並不一定非藉助酒力不可。因此，當女性刻意藉酒來顯現其脆弱的一面時，就表示她別有用心。

如果男性吃這一套的話，那就只有被女人牽著鼻子走的份兒了。

●女性真想吐露本意時，只需順著感情走即可，不必像男性一樣非借助酒力不可。

72 當你因女性「心情不好」而以請吃飯來為她打氣時，或許吃完飯後她就逃之夭夭了

女性常常會因為一些在男性看來微不足道的理由而意志消沈。據在某女子高中任教的老師表示，他班上一個平時非常活潑的女生，有一天突然變得沈默寡言，對任何事都提不起勁兒。於是他把學生叫來，問她「到底發生了什麼事？」

起初學生不肯說出自己「消沈」的理由，但在老師的殷殷勸導之下，終於說出了原委。「我本來以為她是因為家庭問題而落落寡歡，誰知道原來根本不是這麼一回事。事實上，她是因為自己喜歡的某個歌手談戀愛了而心情不好的。」

即使已經事過境遷，老師臉上還是一副難以置信的表情。

對女性而言，消沈也是一種「樂趣」。男性一旦消沈，便很難從低潮中恢復，女性則多半樂於享受低潮，等到過膩了時，情緒很快就會恢復過來。

由此可見，男女對「低潮」一詞的定義，是截然不同的。說得過份一點，有些女性甚至

會利用情緒上的低潮來吸引男性的注意。

當女性表示「情緒不好」時，除非你是她親密的男友，否則有九九%是在說謊。男性一看到女性心情低落，本能地會想要加以安慰：「打起精神來嘛！我請妳去大吃一頓，怎麼樣？」等到飽餐一頓後，女的就會向男的說：「謝謝你，我的心情已經好多了」，然後丟下男的逕自回家去了。

●女性真正陷入低潮時，不會輕易告訴男朋友以外的其他男性。

73

女性在婚禮前夕主張「取消婚約」而你信以為真時，將會在雙方家長之間引起大騷動

有時一切婚禮細節都已經準備妥當，只等婚禮當天到來，準新娘卻忽然語出驚人：「我們取消婚約吧！」你該怎麼辦呢？

對男性而言，這句話猶如晴天霹靂一般，震得人手足無措。

不過，如果一對新人能私下協調，那當然最好，萬一把雙方家長也扯進來，有時明明還可以挽回也非鬧到分手不可。因此，準新郎首先必須認清楚，女方說這句話究竟是認真的或只是說說而已。

如果女方已經先說服父母再向你提出退婚的要求，就表示她是「認真的」。因為，既然她已經把一切都做好安排，就表示她已下定決心非分手不可。

另一方面，如果女方並未將打算退婚的事告知父母，就表示她並不討厭自己即將要嫁的男人，只是一時感情波動，例如，受不了婚前的壓力等，而萌生退怯的念頭罷了。

結婚的日期愈接近，女性的內心就愈發不安。究其原因，可能是她對二人即將展開的新生活缺乏信心、擔心結婚會改變自己的一生等等。從精神層面來看，這類女性基本上只是個尚未長大的孩子。

昔日的父親，一旦知道女兒向未婚夫提議「取消婚約」，必然一棒打下去，藉此趕走女兒的奇怪念頭。但是現在的父母，對女兒總是有求必應，因此，只要女兒提出，往往不明究裡地便答應了，殊不知這只是女兒緊張情緒的反彈而已。

此外，男性也不能為了安撫對方的情緒而完全答應其要求，否則婚後她會經常以此作為要脅。解決的方法只有一個，就是代替寵愛她的父親，給她來一個當頭棒喝。

●女性真想「取消婚約」的話，一定會先說服自己的父母。

74 如果因女性連聲道歉而原諒了她，有一天你會吃了對方的暗虧

不久前我在一家咖啡廳裡，看見一名年輕男子獨自坐在鄰座，兩眼不時看著手腕上的手錶和店門口。看他一副焦急的表情，大概是在等女朋友吧?!終於，一名年輕女子一面嚷著：「對不起，我遲到了」一面來到他的面前。

霎時，男的臉上表情整個亮了起來。「沒關係，我也是剛剛才到」男的邊說邊請女的坐下。「可是，我還是得跟你道歉不可，因為我為了趕你的約會，卻忘了把你要的東西帶來，而且，我待會兒還有事，恐怕不能陪你太久。對不起，真的很對不起。」話才剛剛說完，她便留下只喝了一半的咖啡絕塵而去了。

看著那名男性愕然地目送女的離去的表情，我不禁搖頭苦笑，內心對他充滿了同情。經常把「對不起」、「抱歉」等話掛在嘴邊的女性，內心其實並不認為自己有錯，她們的道歉只不過是隨口說說罷了。

在有禮儀之邦美譽的我國，所謂的「對不起」只是一種外交詞令。倒是在個人主義盛行的歐美，除非自認理虧，一般人是不會輕易向他人說「對不起」的。

以先前的那位女性為例，她的一連串道歉，只是為自己的遲到、有負請託及早退預留下台階，意思是：「我都已經再三道歉了，你還想怎麼樣？」

更可怕的是，有些女性表面上跟你道歉，暗地裡卻偷偷記恨，哪天逮到機會了，她一定不會忘記報仇的。

女性真心想要道歉時，不會藉著連珠砲似的對不起來阻止對方發言，而會先讓對方表達自己的不滿，再真心誠意地說一句「對不起」。

●女性真心承認自己的錯時，會先讓對方把話說完，最後才向對方道歉。

75

如果對女性矮化自己優點的話表示同感，你將成為對方口中「令人討厭的男人」

初次赴美時，最令我感到震驚的是，美國女人即使面對首次謀面的人，也會毫不客氣地把自己認為最得意的事情說出來。

這和素來講究謙虛的我們，似乎有著天壤之別。國內女性在男性面前或許有點驕傲，但會像美國女性那樣宣揚自己優點、長處的人，卻少之又少。

例如，你正在交往中的女性，可以用流利的英語和外國人交談，如果你誇讚她的語言能力，她未必會坦然接受，甚至還表示：「我會的外文也只不過是英語而已，這其實不算什麼……」刻意貶低自己的長處。

萬一你同意她的說法，她一定會當場翻臉：「什麼？你連英文都不會，居然還說我懂英文不算什麼……」。

男性或許會認為：「我只不過是附和她的說法而已」，為自己挨罵感到委曲。但是對女性來講，自己貶低自己可以，如果別人也來附和，那就罪不可赦了。

根據女性的邏輯，刻意矮化自己乃是為了顯示自信。因為自幼所接受的教養，國內女性認為謙虛是一種美德，是以即使對自己的長處頗為自豪，也會故意表現出不當一回事的樣子。女性只有在面對比自己厲害的人時，才會真正變得謙虛。

女性渴望被稱讚的心理，遠勝過男性。因此，當她矮化自己的優點時，真正希望聽到的，是他人的反駁：「沒那回事，妳真的很棒。」換言之，女性的自我矮化，是為了博取更多的讚美。

●女性只有在自己喜歡、能力又勝過自己的男人面前，才會真正變得謙虛。

76 勿因女性表示「近來運氣很差」而寄予同情，否則你便無法對其懶散表現提出批評

女性常常會抱怨：「我就是沒有男人緣」、「我真倒楣，做什麼事都做不成」。即使是深知女性謊言的男性，碰到這種自怨自艾的女性，也只有舉手投降的份兒。

一般會強調自己不幸的女性，反而是那些對自己的能力過度自信的人。因為對自己的能力充滿自信，所以一旦遭遇失敗，便將責任推給命運。有位高中女性考試成績不甚理想，結果她不認為這是因為自己不夠用功、粗心大意所致，反而以感冒、幫忙家事以致沒有時間看書等為藉口。

也就是說，她們不肯承認自己實力不夠或懶惰，而將責任歸諸於不可抗力的理由上。與這種女性結婚，如果丈夫責備她：「妳為什麼沒做家事呢？」她一定會以「身不由己」的理由來搪塞：「今天剛好有客人來」或「今天電話太多了」。

既然是「不可抗力」的因素，失敗了當然就不是自己的責任——這就是女性的理論基礎

女性感嘆時運不濟，是為了掩飾自己能力不足的事實。

。當然，男性當中也有這種類型的，但基本上還是以女性占大多數。不可否認地，有些女性的確命運多舛，但這類女性反而不覺得自己不幸。

因此，對那些一再強調自己時運不濟的女性，男性最好提高警覺。

●真正命運多舛的女性，反而不會覺得自己運氣不好。

77

如果你聆聽女性一連串的道歉，最後你會發現她的目的只是為了推卸責任

透過電視轉播，經常可以看到民意代表以激烈的語氣質詢官員的畫面。幾乎毫無例外的，官員的回答多半避重就輕、顧左右而言它。

總之，就是不肯承認責任。

在現實生活中也是如此。如果你想避開他人的責罵，最好的方法就是故意顧左右而言它，來一段風馬牛不相及的長篇大論，迫使對方受不了而自動放棄。

兩性之中，女性對此一戰術尤其擅長。

女性在因為疏失或失敗而受到指責時，常常會滔滔不絕地說上一大堆理由為自己辯解。

例如，當你責怪她遲到時，她不會坦承是自己賴床所致，而會說：「我的鬧鐘壞了，原本前幾天就想拿去修的，可是正好家裡有事，所以………」非將自己睡過頭的來龍去脈說清楚不可，藉此證明自己並沒有說謊。

當女性長篇大論地表示歉意時，不表示她承認自己的錯誤。

如果你因此而信以為真的話，她可能會覺得你這個人非常好騙。

女性認為，大多數的男人都經不起嘮叨，因此，只要自己把話說得長一些，他們就會豎起白旗，不再追究了。

●女性真心承認錯誤時，多半不會說太多話。

《女性本意名言集②》

＊要知道女性缺點的最好方法，就是在其他女人面前稱讚她。

——富蘭克林

＊女性最熱愛的男性，往往是她的初戀情人；愛得最好的，則是她最後的愛人。

——安德烈・普雷佛

＊表示友好？只不過是女性暫時中止敵對關係的一種手法而已。

——理瓦羅爾

＊在與男性分手或被男性挑逗之間，女性通常會選擇後者。

——雷涅

＊女性年過三十以後，最容易忘記的便是自己的年齡。

——蘭克羅

＊女人最堅硬的部分只有膝蓋。

——日本諺語

＊女性在教會是聖女，在街上是天使，在家裡是惡魔。

——法國諺語

＊沒有任何言語比不會說話的寶石更能打動女人的心。

——莎士比亞

＊願意拿金錢換取性命的人是強盜，女人則兩者都要。

——撒膠艾爾・巴德拉

第五章

拆穿害羞女性的謊言

——獻給數度受騙仍不知覺醒的您！

78 如果以為女性對性根本不感興趣，你或許根本無法滿足對方的性需求

很多女性一聽到男性講黃色笑話，便皺起眉頭，露出嫌惡的表情。此外，有些女性在發現雜誌或週刊上有談論與性有關的話題時，會立刻跳過去。表面上看起來，這些女性似乎對性非常嫌惡，但事實是否真是如此，那就有待查證了。實際上，表面對性嫌惡的女性，對性的關心度往往比一般女性更強。

在約瑟夫•克西爾的小說『畫顏』中，女主角是一位醫生的妻子，但婚後她從未與丈夫有過肌膚之親。由於幼時曾受到其它男性的性侵犯，在她的心靈留下了不可磨滅的傷痕，因此，她一直認為性是不潔的。

只是在內心深處，她對性仍然有所需求。極力壓抑慾望的結果，迫使她沈醉自己編織的白日夢中，最後甚至淪為妓女，以滿足自己對性的需求。

由這個例子可以知道，女性表面上的「潔癖」與內心的「慾望」，常常是呈對比的關係

愈是表現出嫌惡性的女性，對性的好奇心愈強烈。

。也就是說，女性對性的表面態度與內在意識，往往是相反的。

男性如果搞不清楚狀況，總有一天會吃到苦頭。例如，當女友表示「我對性不太感興趣」而你信以為真時，婚後你可能會發現自己根本無法應付對方猛烈的性需求。

真正對性不感興趣的女性，反而會表現出精於此道的樣子，藉此掩飾自己的弱點。反之，表示對性需求不大的女性，對性常常會有強烈的需求。

●女性真的對性不感興趣時，反而會裝出精於此道的樣子。

79

首次提出邀約被拒就打退堂鼓的男性，恐怕一輩子也得不到女性的青睞

自認「不受女人歡迎」的男性很多，而他們之所以不受女性歡迎，最大的原因就是「臉皮太薄了」。一般而言，人只要「堅持到底」，採取積極果敢的行動，沒有什麼東西是得不到手的。

只因被女性拒絕一次就宣告放棄的男性，恐怕只有打一輩子光棍了。

即使對男性具有好感，女性也不會在對方首次提出邀約時便一口答應。通常她們會表現出猶豫不決的樣子：「這個……」、「這件事來得太突然了」，總之絕不會乾脆地回答好或不好。

對男性來說，瞭解女性對首次約會的矜持心態，是擄獲芳心的第一道關卡。如果因為在此遭到拒絕便立刻放棄，只怕一輩子也不可能獲得女性的青睞。

要知道，女性面對男性首次約會要求所表現出來的猶豫不決，與其說是拒絕，不如說是

吸引男性的一種魅力的展現。

已故的前美國第一夫人賈桂林，在與甘迺迪交往之初，也曾讓後者吃了一些苦頭。那是因為，她的父親曾經告誡她：「如果男孩子第一次提出約會就答應，那麼今後妳對他只能言聽計從。」賈桂林牢記父親的教誨，多次拒絕甘迺迪的邀約，幸好小甘再接再厲，所以最後終於能夠抱得美人歸。

基本上，女性不喜歡給人一種「容易到手」的感覺，因此，當男性首次提出約會時，即使她很喜歡對方，也不會爽快地一口答應。而在面對自己並不喜歡的男性的邀約時，女性通常會明快地加以拒絕，或者以「已有男友」為由讓對方死心。因此，如果女性告訴你：「我已經有論及婚嫁的對象了」，那就表示她是真心想要拒絕你。否則的話，只要你一而再、再而三地提出邀約，總有一天她會被你的誠意給打動的。

●女性真心想要拒絕男性的邀約時，通常會以已有男友等理由明快地加以拒絕。

80 勿因首次約會的女性帶著女友一塊兒出現而退怯，否則你將失去追求對方的機會

當女性首次答應邀約時，男性當然會滿懷喜悅地等待約會當天的到來，腦中並且不停設想當天約會的情景：「我們兩個先去看電影、吃飯，吃完飯後再找家咖啡廳坐下來談心……」。但是到了約會當天，當男性興沖沖地來到約會地點時，卻發現約會女性還帶了自己的女友來——原先期待的二人行，一下子變成三人行啦！

有過類似經驗的男性，應該不在少數。約會時有個電燈泡在旁邊，男性當然會感到不舒服。比較多心的男性，甚至會暗自猜測：「她是不是不喜歡我，才故意拖個朋友陪在一旁呢？」

其實這些擔心都是多餘的。一些缺乏與男性交往經驗的女性，常常會採取這種做法。女性如果對男性沒有好感，一開始就不會答應其約會。那麼，帶著女友赴約的女性，心裡究竟是怎麼想的呢？

女性帶著友人一起赴約時，通常只是為了和男性「對招」。

在女性的心目中，這是與男性的「對招」，目的是向男性顯示：「我不會那麼容易就讓你追到手的」。

此外，對男性懷有戒心的女性，也喜歡拉著女友一起赴約，一旦男的表現得很有紳士風度，她們的戒心也就放鬆了。

一般而言，如果女性根本無意與男性交往，她就不會帶著朋友赴對方的約會了。

●女性對男性缺乏好感時，一開始就不會答應對方的約會。

81 如果對女性從來不提及朋友等事情不以為意，你將無法得知她的謊言、過去和秘密

約會時，女性多半樂於談及自己的家人、朋友，而且談時表情生動、態度自然。因此，男性為了化解初次約會的緊張氣氛，常常會故意詢問對方：「妳媽媽是哪裡人啊？是不是也跟妳一樣又高又聰明？」藉以引開她的話匣子。

而事實也證明，這個方法屢試不爽。

在談到朋友時，有些女性會說：「我沒有什麼深交的朋友」，似乎不想旁人觸及與自己切身有關的話題，這時男性可要提高警覺了。

因為，她可能隱藏著不想被男性知道的過去。

再者，女性只有在非常喜歡對方男性時，才會提及家人、朋友等與自己有密切關係的事物，但因為這些人或事物會影響男性對自己的觀感，只好絕口不提。另外，就算沒有很知心的朋友，女性也會樂於談及以前上班、上課或童年時期的點點滴滴。

女性不願談及身邊的話題時，表示她有秘密不想被人知道。

相較之下，絕口不提自己的朋友或過去的女性，就顯得很不自然了。令人不禁懷疑她可能試圖隱瞞一些不堪的過去。

為免過去被人揭穿，這類女性絕對不會帶男友到自己常去的地方。

所以，當與你正在交往的女性說「我沒有朋友」時，或許她有一段不堪回首的過去也說不定。

●女性即使沒有知心好友，也會樂於談論以前的交友情形。

82

當你附和女性對同性的讚美時，對方可能會認為你「品味太差」

作家遠藤周作先生曾說：「女性對同性的態度，不是漠不關心就是嫉妒。」有一次，遠藤和朋友B先生一起到他們常去的酒吧喝酒，由於沒有看到熟識的女侍A，B先生便和另一名女侍批評起A的長相來了。

這時女侍露出狐疑的表情：「不對吧！A明明長得很漂亮啊！」

B先生立即附和：「對，對，我也覺得她長得很像伊麗沙白・泰勒。」

誰知那名女侍一聽，霎時變了臉色：「她本來就認為自己長得很漂亮，經你這麼一捧，只怕要飛上天了。」接著便不客氣地批評起A來了。

由此可見，女性在讚美同性的話語背後，往往隱藏著很深的嫉妒。她們真正的意思是：「那個女的有什麼了不起的？」但為免讓人覺得自己善妒，只好言不由衷地讚美對方。

方的才華，但內心卻嫉妒得要命。

因此，當妹妹死後，姐姐立刻就把前者留下來的文稿和信件給燒了。由此即可看出，女性的嫉妒心理有多麼強烈。

如果你看不清這個事實，在她讚美同性時加以附和，對方一定會認為：「連那種女人也說好？你的品味未免太差了吧！」要知道，女性在男性面前讚美同性，為的是聽到男性提出反駁：「她沒有妳說的那麼好吧？」因此，當女性在你面前讚美同性時，最聰明的做法是聽過就算，絕對不要搭腔。

此外，只有在對方與自己完全沒有任何利害關係時，女性才會真心讚美另一個女人。

●女性只有在面對與自己沒有任何利害關係的同性，才會真心讚美對方。

83 如果你以為穿戴名牌的女性就是「富家千金」，那麼會發現自己錯得離譜

在日本，住在小公寓的上班族，可能會花去年收入的一半以上買部車子；一個普通的上班女性，則可能全身上下都穿戴著名牌。相較之下，居住環境的水準似乎太寒酸了點。因此，凡是到過日本的人，都同意日本人相當注重外表。

其實不只是日本人，現代人普遍都很講究穿著、行頭，所以要根據一個人的外表來判斷其經濟能力並不容易。

尤其是女性，身上從首飾、衣服到鞋子、皮包都是名牌的人比比皆是。如果你因而認定她們是「富家千金」，那就錯了。

真正有錢的女性，身上多半不會出現多種以上的名牌，而是單一品牌的服飾。就拿多年前曾到日本訪問的玉婆伊麗莎白·泰勒為例，據說光是名牌皮包就有數十個，但全部都是同一品牌——路易·福東。

女性喜歡名牌貨是由於虛榮心理作祟。

此外，真正有錢的女性，穿戴的不會是男性一看就知道的流行品牌，而是只有內行人才知道的名牌。

身上穿戴著各種名牌的女性，多半不是真正的「富家千金」，而是愛慕虛榮的女子。這種女性在和男性交往時，想的是如何從對方的錢包裡挖出錢來，對自己的錢則是一毛不拔。

●真正有錢的「富家千金」，身上穿戴的名牌絕對不是男性一眼就能看出來的。

84

當女性表示自己嘴拙而你信以為真時，稍後會發現她的談話內容十分乏味

某位以嘴快聞名的女藝人，打電話給一名廣播作家。正好對方不在，她只好在答錄機裡留話。結果，她居然對著答錄機滔滔不絕地足足講了三十分鐘。當作家回到家裡，打開答錄機聽留言時，居然覺得對方就好像正在眼前一樣。

對此，一向不喜歡對著答錄機說話的我，真要自嘆弗如。我相信很多都已經注意到，女性只有在吃東西或上洗手間時，才會閉上嘴巴；除此以外的時間，她們總是嘰嘰喳喳地說個不停。而且，談話的內容多半沒有什麼意義。

不過，有時你也會碰到表示「拙於言詞」的女性。

實際交往以後你會發現，她其實是很愛說話的，只是有時會不知該說什麼才好，於是便以「拙於言詞」為由避免尷尬。

女性在打電話給朋友或自己兄弟姐妹時，常常一聊就是半個鐘頭、一個小時；但是打給

公婆時，卻總是不到五分鐘就匆忙收線。她們所持的理由是：「我嘴巴很笨，不知道要跟公婆說些什麼」。

換言之，「口拙」有時只不過是逃避與對方交談的藉口罷了。原因可能是她覺得跟對方談話很痛苦，或者對方在言談間觸及她的痛處。另外，當女性向男性表示自己「口拙」時，很可能只是為了掩飾自己胸無點墨的事實。如果男性因為喜歡不嚕嗦的女性而與之交往，最後必然會有受騙的感覺。

男性口拙是對自己充滿自信的證明，女性口拙則證明她胸無點墨。

●女性真正意識到自己口拙時，多半會利用行動來彌補談話方面的不足。

85 當女性表示「再等一下」而你乖乖聽命時，或許你將必須永遠等下去

有個抱著遊戲心態與女性交往的年輕男子，在一個偶然的機會裡認識了一名「有著深邃眼眸、純真，一看就知道來自良好家庭」的女性。他深深地被對方給吸引住，於是便在約會幾次之後提出求婚。但是不知道為什麼，對方總是要他「再等一下」。男的起先以為她只是需要時間多加考慮或是還沒有結婚的心理準備而已，但因遲遲不見女方首肯，於是便請女方的一個朋友代為試探對方的心意。

不久之後，受託的人回來了，告訴他那個女孩子另外還有一個男朋友，因為一時之間還無法做出取捨，只好採取拖延戰術。

當女性試圖隱瞞些什麼時，常常會以「再等一下」、「結婚以後我自然會給你」等理由加以搪塞。例如，她們真正的意思可能是：「再等一下」是為了守住純真，現在的女性則是為了爭取時間，以便比較不同男性的分量。

女性說「等一下」通常只是為了掩飾某些事情。

當然，也有女性利用讓男性等待的時間，逐一抹消過去的汚點。

具有豐富男性經驗的女性，喜歡用「再等一下」來吊男人的胃口；一旦兩人發生肉體關係，便會以此為由要求男性負起責任。

女性真正喜歡一個男人時，通常會順從其要求，絕對不會故意吊對方胃口。

●女性真的喜歡一個男人時，通常不會拒絕男性的要求。

86 如果以為老是跟同一個女性不期而遇是命運的安排，那麼你就錯了

在婚禮當中，多半會有介紹新人認識經過的環節，介紹人口中的一對新人，常常是在一個偶然的機會裡相遇，於是男的便對女的展開熱烈追求，最後終於有情人終成眷屬。不過，如果你夠細心的話，還是可以從其他人的口中得知事情的真相。那就是，女方其實是經過一番心思安排巧遇，才得以覓得如意郎君的。

前幾天，我參加一個年輕朋友的婚禮時，又聽到了類似的經過。這對新人在同一家公司上班。據與新娘同部門的同事透露，新娘為了引起新郎倌的注意，頗花費了一番心思。

「一開始是她先喜歡上他的。為了接近對方，她拚命製造兩人相處的機會。比方說，當她發現男的進入影印室時，立刻便以『我剛才忘了把影印的原稿拿回來』為由朝影印室奔去。此外，當她知道對方哪一天必須加班時，也會以要到公司拿個東西為由，故意繞到公司去。」

在同一家公司上班的男女，未必有很多談話的機會，因此唯有製造單獨相處的機會，才能使感情加溫。在這種情況下，男性口中的「不期而遇」，往往是女性精心策劃出來的，為的是增強對方對自己的印象。

一般而言，女性即使對男性產生好感，也不會主動表白，於是只好製造偶然相遇的機會，讓對方注意到自己的存在，進而展開追求。

如果兩人偶然相遇，女的卻一點也不驚訝：「真巧，我們老是碰到一起」，則所謂的「巧遇」，多半是經過精心策劃的。如果女性並未策劃，兩人又經常不期而遇，那麼女性會認為這是男的一手安排的。這時，女性多半不會給予對方好臉色。

●面對不是自己安排的巧遇，女性會認為是男性的計謀而不會給對方好臉色。

87

如果因女性對你的愛的告白感到「困惑」而灰心，你將被對方視為沒有膽量的男人

女性在面對男性的求愛時，常常會露出「困惑」的表情。這時男性當然會深感困惑，因為他們想不通女性何以會有這種反應。

單純的男性，在提出結婚的要求，女方卻回答：「你在這個時候提出求婚，我真的不知道該怎麼說才好」時，多半會認為對方是在拒絕自己。

但事實上，女性真心想要拒絕時，通常會清楚地向對方說不，而不會選擇這種曖昧的回答方式。

為了讓對方徹底死心，有的女性甚至還會說明具體理由：「我已經有要好的男朋友了」「我不認為我們倆很適合」等等。

換句話說，只要女的不是明白加以拒絕，就表示她的「困惑」只是裝裝樣子而已。

在女性的心目中，婚姻是人生大事，必須經過慎重的考慮才能做成決定，而且太快答應

女性的「困惑」是希望男性「再接再厲」的暗示。

求婚會被男方看輕，因此只好以「我很困惑」作為回答，一則拖延時間，一則讓男性明白自己並非垂手可得。

如果你因女性表示「困惑」便偃兵息鼓，那麼你將失去得到她的機會。

●女性無意接受男性的求愛時，通常會舉出已有男友等明確的拒絕理由。

88 如果對女性不該有的失敗處之泰然，你將陷入對方設下的測試網中

在一家咖啡店裡，女侍A指著一名坐在店裡的青年對她的同事女侍B說：「那個傢伙似乎對我有意思，但是我不知道如何證明？」女侍B回答道：「妳用水潑他，看看他的反應不就知道了。」於是女侍A拿著水來到青年桌邊，假裝不經意地把水倒在青年的身上。「哎呀！對不起、對不起！」在女侍A的道歉聲中，男的也大方地表示：「沒關係，馬上就乾了。」語氣非常地溫柔。

女侍A悄悄地向同事打了個手勢，表示他已經通過考驗。這時女侍B說：「還早呢！」接著又遞給她一杯咖啡，要她把咖啡潑在青年身上。結果青年還是沒有生氣。但女侍B並不以此為滿足，想了想又指著一桶水要A把它倒在青年身上。

最後，當女侍A用愧疚的口吻說：「請你原諒我的不小心，好嗎？」青年突然垂下頭來，沮喪得不說一句話。女侍B見狀突然大叫：「快跟那傢伙結婚吧！」

女性之所以老是在男性面前出錯，通常是因為她過度在意對方的存在。換言之，她對這位男士其實具有好感，只是不知道對方對自己是否也是如此，所以在其面前便顯得格外慌張、老是出錯。

有時，女性也會藉著出錯，考驗男性對自己是否真心。為免被判出局，男性必須特別小心。

例如，你邀女友一起到酒吧喝酒，平常她總是一副正襟危坐的樣子，這天卻喝得酩酊大醉，而且還對你發酒瘋。

表面上，她似乎是喝過了頭，但事實上，她可能正在測試你的反應，藉此瞭解你對她的愛有多深。至於動機，則可能是她認識了其他男人，在不知如何取捨的情況下，只好以此作為考驗真心的方法。

因此，當女性故意犯錯時，男性一定要提高警覺，及早拆穿她的謊言。

●女性真的不小心犯錯時，一定會以「因為」、「但是」作為藉口。

大展出版社有限公司　圖書日錄

地址：台北市北投區11204
致遠一路二段12巷1號
郵撥： 0166955～1
電話：(02) 8236031
8236033
傳眞：(02) 8272069

・法律專欄連載・電腦編號 58

台大法學院 法律學系／策劃
法律服務社／編著

①別讓您的權利睡著了[1]	200元
②別讓您的權利睡著了[2]	200元

・秘傳占卜系列・電腦編號 14

①手相術	淺野八郎著	150元
②人相術	淺野八郎著	150元
③西洋占星術	淺野八郎著	150元
④中國神奇占卜	淺野八郎著	150元
⑤夢判斷	淺野八郎著	150元
⑥前世、來世占卜	淺野八郎著	150元
⑦法國式血型學	淺野八郎著	150元
⑧靈感、符咒學	淺野八郎著	150元
⑨紙牌占卜學	淺野八郎著	150元
⑩ＥＳＰ超能力占卜	淺野八郎著	150元
⑪猶太數的秘術	淺野八郎著	150元
⑫新心理測驗	淺野八郎著	160元
⑬塔羅牌預言秘法	淺野八郎著	元

・趣味心理講座・電腦編號 15

①性格測驗１	探索男與女	淺野八郎著	140元
②性格測驗２	透視人心奧秘	淺野八郎著	140元
③性格測驗３	發現陌生的自己	淺野八郎著	140元
④性格測驗４	發現你的真面目	淺野八郎著	140元
⑤性格測驗５	讓你們吃驚	淺野八郎著	140元
⑥性格測驗６	洞穿心理盲點	淺野八郎著	140元
⑦性格測驗７	探索對方心理	淺野八郎著	140元
⑧性格測驗８	由吃認識自己	淺野八郎著	140元

⑨性格測驗 9	戀愛知多少	淺野八郎著	160元
⑩性格測驗10	由裝扮瞭解人心	淺野八郎著	140元
⑪性格測驗11	敲開內心玄機	淺野八郎著	140元
⑫性格測驗12	透視你的未來	淺野八郎著	140元
⑬血型與你的一生		淺野八郎著	160元
⑭趣味推理遊戲		淺野八郎著	160元
⑮行為語言解析		淺野八郎著	160元

•婦 幼 天 地• 電腦編號 16

①八萬人減肥成果	黃靜香譯	180元
②三分鐘減肥體操	楊鴻儒譯	150元
③窈窕淑女美髮秘訣	柯素娥譯	130元
④使妳更迷人	成 玉譯	130元
⑤女性的更年期	官舒妍編譯	160元
⑥胎內育兒法	李玉瓊編譯	150元
⑦早產兒袋鼠式護理	唐岱蘭譯	200元
⑧初次懷孕與生產	婦幼天地編譯組	180元
⑨初次育兒12個月	婦幼天地編譯組	180元
⑩斷乳食與幼兒食	婦幼天地編譯組	180元
⑪培養幼兒能力與性向	婦幼天地編譯組	180元
⑫培養幼兒創造力的玩具與遊戲	婦幼天地編譯組	180元
⑬幼兒的症狀與疾病	婦幼天地編譯組	180元
⑭腿部苗條健美法	婦幼天地編譯組	180元
⑮女性腰痛別忽視	婦幼天地編譯組	150元
⑯舒展身心體操術	李玉瓊編譯	130元
⑰三分鐘臉部體操	趙薇妮著	160元
⑱生動的笑容表情術	趙薇妮著	160元
⑲心曠神怡減肥法	川津祐介著	130元
⑳內衣使妳更美麗	陳玄茹譯	130元
㉑瑜伽美姿美容	黃靜香編著	150元
㉒高雅女性裝扮學	陳珮玲譯	180元
㉓蠶糞肌膚美顏法	坂梨秀子著	160元
㉔認識妳的身體	李玉瓊譯	160元
㉕產後恢復苗條體態	居理安•芙萊喬著	200元
㉖正確護髮美容法	山崎伊久江著	180元
㉗安琪拉美姿養生學	安琪拉蘭斯博瑞著	180元
㉘女體性醫學剖析	增田豐著	220元
㉙懷孕與生產剖析	岡部綾子著	180元
㉚斷奶後的健康育兒	東城百合子著	220元
㉛引出孩子幹勁的責罵藝術	多湖輝著	170元

㉜培養孩子獨立的藝術	多湖輝著	170元
㉝子宮肌瘤與卵巢囊腫	陳秀琳編著	180元
㉞下半身減肥法	納他夏・史達賓著	180元
㉟女性自然美容法	吳雅菁編著	180元
㊱再也不發胖	池園悅太郎著	170元
㊲生男生女控制術	中垣勝裕著	220元
㊳使妳的肌膚更亮麗	楊　皓編著	170元
㊴臉部輪廓變美	芝崎義夫著	180元
㊵斑點、皺紋自己治療	高須克彌著	180元
㊶面皰自己治療	伊藤雄康著	180元
㊷隨心所欲瘦身冥想法	原久子著	180元
㊸胎兒革命	鈴木丈織著	元

・青 春 天 地・電腦編號 17

①A血型與星座	柯素娥編譯	120元
②B血型與星座	柯素娥編譯	120元
③O血型與星座	柯素娥編譯	120元
④AB血型與星座	柯素娥編譯	120元
⑤青春期性教室	呂貴嵐編譯	130元
⑥事半功倍讀書法	王毅希編譯	150元
⑦難解數學破題	宋釗宜編譯	130元
⑧速算解題技巧	宋釗宜編譯	130元
⑨小論文寫作秘訣	林顯茂編譯	120元
⑪中學生野外遊戲	熊谷康編著	120元
⑫恐怖極短篇	柯素娥編譯	130元
⑬恐怖夜話	小毛驢編譯	130元
⑭恐怖幽默短篇	小毛驢編譯	120元
⑮黑色幽默短篇	小毛驢編譯	120元
⑯靈異怪談	小毛驢編譯	130元
⑰錯覺遊戲	小毛驢編譯	130元
⑱整人遊戲	小毛驢編著	150元
⑲有趣的超常識	柯素娥編譯	130元
⑳哦！原來如此	林慶旺編譯	130元
㉑趣味競賽100種	劉名揚編譯	120元
㉒數學謎題入門	宋釗宜編譯	150元
㉓數學謎題解析	宋釗宜編譯	150元
㉔透視男女心理	林慶旺編譯	120元
㉕少女情懷的自白	李桂蘭編譯	120元
㉖由兄弟姊妹看命運	李玉瓊編譯	130元
㉗趣味的科學魔術	林慶旺編譯	150元

㉘趣味的心理實驗室	李燕玲編譯	150元
㉙愛與性心理測驗	小毛驢編譯	130元
㉚刑案推理解謎	小毛驢編譯	130元
㉛偵探常識推理	小毛驢編譯	130元
㉜偵探常識解謎	小毛驢編譯	130元
㉝偵探推理遊戲	小毛驢編譯	130元
㉞趣味的超魔術	廖玉山編著	150元
㉟趣味的珍奇發明	柯素娥編著	150元
㊱登山用具與技巧	陳瑞菊編著	150元

•健 康 天 地• 電腦編號 18

①壓力的預防與治療	柯素娥編譯	130元
②超科學氣的魔力	柯素娥編譯	130元
③尿療法治病的神奇	中尾良一著	130元
④鐵證如山的尿療法奇蹟	廖玉山譯	120元
⑤一日斷食健康法	葉慈容編譯	150元
⑥胃部強健法	陳炳崑譯	120元
⑦癌症早期檢查法	廖松濤譯	160元
⑧老人痴呆症防止法	柯素娥編譯	130元
⑨松葉汁健康飲料	陳麗芬編譯	130元
⑩揉肚臍健康法	永井秋夫著	150元
⑪過勞死、猝死的預防	卓秀貞編譯	130元
⑫高血壓治療與飲食	藤山順豐著	150元
⑬老人看護指南	柯素娥編譯	150元
⑭美容外科淺談	楊啟宏著	150元
⑮美容外科新境界	楊啟宏著	150元
⑯鹽是天然的醫生	西英司郎著	140元
⑰年輕十歲不是夢	梁瑞麟譯	200元
⑱茶料理治百病	桑野和民著	180元
⑲綠茶治病寶典	桑野和民著	150元
⑳杜仲茶養顏減肥法	西田博著	150元
㉑蜂膠驚人療效	瀨長良三郎著	150元
㉒蜂膠治百病	瀨長良三郎著	180元
㉓醫藥與生活	鄭炳全著	180元
㉔鈣長生寶典	落合敏著	180元
㉕大蒜長生寶典	木下繁太郎著	160元
㉖居家自我健康檢查	石川恭三著	160元
㉗永恒的健康人生	李秀鈴譯	200元
㉘大豆卵磷脂長生寶典	劉雪卿譯	150元
㉙芳香療法	梁艾琳譯	160元

㉚醋長生寶典　柯素娥譯　180元
㉛從星座透視健康　席拉・吉蒂斯著　180元
㉜愉悅自在保健學　野本二士夫著　160元
㉝裸睡健康法　丸山淳士等著　160元
㉞糖尿病預防與治療　藤田順豐著　180元
㉟維他命長生寶典　菅原明子著　180元
㊱維他命C新效果　鐘文訓編　150元
㊲手、腳病理按摩　堤芳朗著　160元
㊳AIDS瞭解與預防　彼得塔歇爾著　180元
㊴甲殼質殼聚糖健康法　沈永嘉譯　160元
㊵神經痛預防與治療　木下眞男著　160元
㊶室內身體鍛鍊法　陳炳崑編著　160元
㊷吃出健康藥膳　劉大器編著　180元
㊸自我指壓術　蘇燕謀編著　160元
㊹紅蘿蔔汁斷食療法　李玉瓊編著　150元
㊺洗心術健康秘法　竺翠萍編譯　170元
㊻枇杷葉健康療法　柯素娥編譯　180元
㊼抗衰血癒　楊啟宏著　180元
㊽與癌搏鬥記　逸見政孝著　180元
㊾冬蟲夏草長生寶典　高橋義博著　170元
㊿痔瘡・大腸疾病先端療法　宮島伸宜著　180元
51膠布治癒頑固慢性病　加瀨建造著　180元
52芝麻神奇健康法　小林貞作著　170元
53香煙能防止癡呆？　高田明和著　180元
54穀菜食治癌療法　佐藤成志著　180元
55貼藥健康法　松原英多著　180元
56克服癌症調和道呼吸法　帶津良一著　180元
57Ｂ型肝炎預防與治療　野村喜重郎著　180元
58青春永駐養生導引術　早島正雄著　180元
59改變呼吸法創造健康　原久子著　180元
60荷爾蒙平衡養生秘訣　出村博著　180元
61水美肌健康法　井戶勝富著　170元
62認識食物掌握健康　廖梅珠編著　170元
63痛風劇痛消除法　鈴木吉彥著　180元
64酸莖菌驚人療效　上田明彥著　180元
65大豆卵磷脂治現代病　神津健一著　200元
66時辰療法——危險時刻凌晨4時　呂建強等著　180元
67自然治癒力提升法　帶津良一著　180元
68巧妙的氣保健法　藤平墨子著　180元
69治癒Ｃ型肝炎　熊田博光著　180元
70肝臟病預防與治療　劉名揚編著　180元

⑦腰痛平衡療法	荒井政信著	180元
⑫根治多汗症、狐臭	稻葉益巳著	220元
⑬40歲以後的骨質疏鬆症	沈永嘉譯	180元
⑭認識中藥	松下一成著	180元
⑮氣的科學	佐佐木茂美著	180元

•實用女性學講座• 電腦編號 19

①解讀女性內心世界	島田一男著	150元
②塑造成熟的女性	島田一男著	150元
③女性整體裝扮學	黃靜香編著	180元
④女性應對禮儀	黃靜香編著	180元
⑤女性婚前必修	小野十傳著	200元
⑥徹底瞭解女人	田口二州著	180元
⑦拆穿女性謊言88招	島田一男著	200元

•校 園 系 列• 電腦編號 20

①讀書集中術	多湖輝著	150元
②應考的訣竅	多湖輝著	150元
③輕鬆讀書贏得聯考	多湖輝著	150元
④讀書記憶秘訣	多湖輝著	150元
⑤視力恢復！超速讀術	江錦雲譯	180元
⑥讀書36計	黃柏松編著	180元
⑦驚人的速讀術	鐘文訓編著	170元
⑧學生課業輔導良方	多湖輝著	180元
⑨超速讀超記憶法	廖松濤編著	180元
⑩速算解題技巧	宋釗宜編著	200元

•實用心理學講座• 電腦編號 21

①拆穿欺騙伎倆	多湖輝著	140元
②創造好構想	多湖輝著	140元
③面對面心理術	多湖輝著	160元
④僞裝心理術	多湖輝著	140元
⑤透視人性弱點	多湖輝著	140元
⑥自我表現術	多湖輝著	180元
⑦不可思議的人性心理	多湖輝著	150元
⑧催眠術入門	多湖輝著	150元
⑨責罵部屬的藝術	多湖輝著	150元
⑩精神力	多湖輝著	150元

⑪厚黑說服術	多湖輝著	150元
⑫集中力	多湖輝著	150元
⑬構想力	多湖輝著	150元
⑭深層心理術	多湖輝著	160元
⑮深層語言術	多湖輝著	160元
⑯深層說服術	多湖輝著	180元
⑰掌握潛在心理	多湖輝著	160元
⑱洞悉心理陷阱	多湖輝著	180元
⑲解讀金錢心理	多湖輝著	180元
⑳拆穿語言圈套	多湖輝著	180元
㉑語言的內心玄機	多湖輝著	180元

・超現實心理講座・電腦編號 22

①超意識覺醒法	詹蔚芬編譯	130元
②護摩秘法與人生	劉名揚編譯	130元
③秘法！超級仙術入門	陸　明譯	150元
④給地球人的訊息	柯素娥編著	150元
⑤密教的神通力	劉名揚編著	130元
⑥神秘奇妙的世界	平川陽一著	180元
⑦地球文明的超革命	吳秋嬌譯	200元
⑧力量石的秘密	吳秋嬌譯	180元
⑨超能力的靈異世界	馬小莉譯	200元
⑩逃離地球毀滅的命運	吳秋嬌譯	200元
⑪宇宙與地球終結之謎	南山宏著	200元
⑫驚世奇功揭秘	傅起鳳著	200元
⑬啟發身心潛力心象訓練法	栗田昌裕著	180元
⑭仙道術遁甲法	高藤聰一郎著	220元
⑮神通力的秘密	中岡俊哉著	180元
⑯仙人成仙術	高藤聰一郎著	200元
⑰仙道符咒氣功法	高藤聰一郎著	220元
⑱仙道風水術尋龍法	高藤聰一郎著	200元
⑲仙道奇蹟超幻像	高藤聰一郎著	200元
⑳仙道鍊金術房中法	高藤聰一郎著	200元
㉑奇蹟超醫療治癒難病	深野一幸著	220元
㉒揭開月球的神秘力量	超科學研究會	180元
㉓西藏密教奧義	高藤聰一郎著	250元

・養 生 保 健・電腦編號 23

①醫療養生氣功	黃孝寬著	250元

②中國氣功圖譜	余功保著	230元
③少林醫療氣功精粹	井玉蘭著	250元
④龍形實用氣功	吳大才等著	220元
⑤魚戲增視強身氣功	宮　嬰著	220元
⑥嚴新氣功	前新培金著	250元
⑦道家玄牝氣功	張　章著	200元
⑧仙家秘傳袪病功	李遠國著	160元
⑨少林十大健身功	秦慶豐著	180元
⑩中國自控氣功	張明武著	250元
⑪醫療防癌氣功	黃孝寬著	250元
⑫醫療強身氣功	黃孝寬著	250元
⑬醫療點穴氣功	黃孝寬著	250元
⑭中國八卦如意功	趙維漢著	180元
⑮正宗馬禮堂養氣功	馬禮堂著	420元
⑯秘傳道家筋經內丹功	王慶餘著	280元
⑰三元開慧功	辛桂林著	250元
⑱防癌治癌新氣功	郭　林著	180元
⑲禪定與佛家氣功修煉	劉天君著	200元
⑳顛倒之術	梅自強著	360元
㉑簡明氣功辭典	吳家駿編	360元
㉒八卦三合功	張全亮著	230元

• 社會人智囊 • 電腦編號 24

①糾紛談判術	清水增三著	160元
②創造關鍵術	淺野八郎著	150元
③觀人術	淺野八郎著	180元
④應急詭辯術	廖英迪編著	160元
⑤天才家學習術	木原武一著	160元
⑥猫型狗式鑑人術	淺野八郎著	180元
⑦逆轉運掌握術	淺野八郎著	180元
⑧人際圓融術	澀谷昌三著	160元
⑨解讀人心術	淺野八郎著	180元
⑩與上司水乳交融術	秋元隆司著	180元
⑪男女心態定律	小田晉著	180元
⑫幽默說話術	林振輝編著	200元
⑬人能信賴幾分	淺野八郎著	180元
⑭我一定能成功	李玉瓊譯	180元
⑮獻給青年的嘉言	陳蒼杰譯	180元
⑯知人、知面、知其心	林振輝編著	180元
⑰塑造堅強的個性	坂上肇著	180元

⑱爲自己而活　佐藤綾子著　180元
⑲未來十年與愉快生活有約　船井幸雄著　180元
⑳超級銷售話術　杜秀卿譯　180元
㉑感性培育術　黃靜香編著　180元
㉒公司新鮮人的禮儀規範　蔡媛惠譯　180元
㉓傑出職員鍛鍊術　佐佐木正著　180元
㉔面談獲勝戰略　李芳黛譯　180元
㉕金玉良言撼人心　森純大著　180元
㉖男女幽默趣典　劉華亭編著　180元
㉗機智說話術　劉華亭編著　180元
㉘心理諮商室　柯素娥譯　180元
㉙如何在公司頭角崢嶸　佐佐木正著　180元
㉚機智應對術　李玉瓊編著　200元

・精 選 系 列・電腦編號 25

①毛澤東與鄧小平　渡邊利夫等著　280元
②中國大崩裂　江戶介雄著　180元
③台灣・亞洲奇蹟　上村幸治著　220元
④7-ELEVEN高盈收策略　國友隆一著　180元
⑤台灣獨立　森　詠著　200元
⑥迷失中國的末路　江戶雄介著　220元
⑦2000年5月全世界毀滅　紫藤甲子男著　180元
⑧失去鄧小平的中國　小島朋之著　220元

・運 動 遊 戲・電腦編號 26

①雙人運動　李玉瓊譯　160元
②愉快的跳繩運動　廖玉山譯　180元
③運動會項目精選　王佑京譯　150元
④肋木運動　廖玉山譯　150元
⑤測力運動　王佑宗譯　150元

・休 閒 娛 樂・電腦編號 27

①海水魚飼養法　田中智浩著　300元
②金魚飼養法　曾雪玫譯　250元
③熱門海水魚　毛利匡明著　元
④愛犬的教養與訓練　池田好雄著　250元

•銀髮族智慧學• 電腦編號 28

①銀髮六十樂逍遙	多湖輝著	170元
②人生六十反年輕	多湖輝著	170元
③六十歲的決斷	多湖輝著	170元

•飲 食 保 健• 電腦編號 29

①自己製作健康茶	大海淳著	220元
②好吃、具藥效茶料理	德永睦子著	220元
③改善慢性病健康藥草茶	吳秋嬌譯	200元
④藥酒與健康果菜汁	成玉編著	250元

•家庭醫學保健• 電腦編號 30

①女性醫學大全	雨森良彥著	380元
②初為人父育兒寶典	小瀧周曹著	220元
③性活力強健法	相建華著	200元
④30歲以上的懷孕與生產	李芳黛編著	220元
⑤舒適的女性更年期	野末悅子著	200元
⑥夫妻前戲的技巧	笠井寬司著	200元
⑦病理足穴按摩	金慧明著	220元
⑧爸爸的更年期	河野孝旺著	200元
⑨橡皮帶健康法	山田晶著	200元
⑩33天健美減肥	相建華等著	180元
⑪男性健美入門	孫玉祿編著	180元

•心 靈 雅 集• 電腦編號 00

①禪言佛語看人生	松濤弘道著	180元
②禪密教的奧秘	葉逯謙譯	120元
③觀音大法力	田口日勝著	120元
④觀音法力的大功德	田口日勝著	120元
⑤達摩禪106智慧	劉華亭編譯	220元
⑥有趣的佛教研究	葉逯謙編譯	170元
⑦夢的開運法	蕭京凌譯	130元
⑧禪學智慧	柯素娥編譯	130元
⑨女性佛教入門	許俐萍譯	110元
⑩佛像小百科	心靈雅集編譯組	130元
⑪佛教小百科趣談	心靈雅集編譯組	120元

⑫佛教小百科漫談	心靈雅集編譯組	150元
⑬佛教知識小百科	心靈雅集編譯組	150元
⑭佛學名言智慧	松濤弘道著	220元
⑮釋迦名言智慧	松濤弘道著	220元
⑯活人禪	平田精耕著	120元
⑰坐禪入門	柯素娥編譯	150元
⑱現代禪悟	柯素娥編譯	130元
⑲道元禪師語錄	心靈雅集編譯組	130元
⑳佛學經典指南	心靈雅集編譯組	130元
㉑何謂「生」　阿含經	心靈雅集編譯組	150元
㉒一切皆空　般若心經	心靈雅集編譯組	150元
㉓超越迷惘　法句經	心靈雅集編譯組	130元
㉔開拓宇宙觀　華嚴經	心靈雅集編譯組	130元
㉕真實之道　法華經	心靈雅集編譯組	130元
㉖自由自在　涅槃經	心靈雅集編譯組	130元
㉗沈默的教示　維摩經	心靈雅集編譯組	150元
㉘開通心眼　佛語佛戒	心靈雅集編譯組	130元
㉙揭秘寶庫　密教經典	心靈雅集編譯組	180元
㉚坐禪與養生	廖松濤譯	110元
㉛釋尊十戒	柯素娥編譯	120元
㉜佛法與神通	劉欣如編著	120元
㉝悟（正法眼藏的世界）	柯素娥編譯	120元
㉞只管打坐	劉欣如編著	120元
㉟喬答摩・佛陀傳	劉欣如編著	120元
㊱唐玄奘留學記	劉欣如編著	120元
㊲佛教的人生觀	劉欣如編譯	110元
㊳無門關（上卷）	心靈雅集編譯組	150元
㊴無門關（下卷）	心靈雅集編譯組	150元
㊵業的思想	劉欣如編著	130元
㊶佛法難學嗎	劉欣如著	140元
㊷佛法實用嗎	劉欣如著	140元
㊸佛法殊勝嗎	劉欣如著	140元
㊹因果報應法則	李常傳編	140元
㊺佛教醫學的奧秘	劉欣如編著	150元
㊻紅塵絕唱	海　若著	130元
㊼佛教生活風情	洪丕謨、姜玉珍著	220元
㊽行住坐臥有佛法	劉欣如著	160元
㊾起心動念是佛法	劉欣如著	160元
㊿四字禪語	曹洞宗青年會	200元
51妙法蓮華經	劉欣如編著	160元
52根本佛教與大乘佛教	葉作森編	180元

㊺大乘佛經	定方晟著	180元
㊹須彌山與極樂世界	定方晟著	180元
㊺阿闍世的悟道	定方晟著	180元
㊻金剛經的生活智慧	劉欣如著	180元

•經 營 管 理• 電腦編號 01

◎創新經營管理六十六大計（精）	蔡弘文編	780元
①如何獲取生意情報	蘇燕謀譯	110元
②經濟常識問答	蘇燕謀譯	130元
④台灣商戰風雲錄	陳中雄著	120元
⑤推銷大王秘錄	原一平著	180元
⑥新創意・賺大錢	王家成譯	90元
⑦工廠管理新手法	琪　輝著	120元
⑨經營參謀	柯順隆譯	120元
⑩美國實業24小時	柯順隆譯	80元
⑪撼動人心的推銷法	原一平著	150元
⑫高竿經營法	蔡弘文編	120元
⑬如何掌握顧客	柯順隆譯	150元
⑭一等一賺錢策略	蔡弘文編	120元
⑯成功經營妙方	鐘文訓著	120元
⑰一流的管理	蔡弘文編	150元
⑱外國人看中韓經濟	劉華亭譯	150元
⑳突破商場人際學	林振輝編著	90元
㉑無中生有術	琪輝編著	140元
㉒如何使女人打開錢包	林振輝編著	100元
㉓操縱上司術	邑井操著	90元
㉔小公司經營策略	王嘉誠著	160元
㉕成功的會議技巧	鐘文訓編譯	100元
㉖新時代老闆學	黃柏松編著	100元
㉗如何創造商場智囊團	林振輝編譯	150元
㉘十分鐘推銷術	林振輝編譯	180元
㉙五分鐘育才	黃柏松編譯	100元
㉚成功商場戰術	陸明編譯	100元
㉛商場談話技巧	劉華亭編譯	120元
㉜企業帝王學	鐘文訓譯	90元
㉝自我經濟學	廖松濤編譯	100元
㉞一流的經營	陶田生編著	120元
㉟女性職員管理術	王昭國編譯	120元
㊱ＩＢＭ的人事管理	鐘文訓編譯	150元
㊲現代電腦常識	王昭國編譯	150元

㊳電腦管理的危機	鐘文訓編譯	120元
㊴如何發揮廣告效果	王昭國編譯	150元
㊵最新管理技巧	王昭國編譯	150元
㊶一流推銷術	廖松濤編譯	150元
㊷包裝與促銷技巧	王昭國編譯	130元
㊸企業王國指揮塔	松下幸之助著	120元
㊹企業精銳兵團	松下幸之助著	120元
㊺企業人事管理	松下幸之助著	100元
㊻華僑經商致富術	廖松濤編譯	130元
㊼豐田式銷售技巧	廖松濤編譯	180元
㊽如何掌握銷售技巧	王昭國編著	130元
㊿洞燭機先的經營	鐘文訓編譯	150元
52新世紀的服務業	鐘文訓編譯	100元
53成功的領導者	廖松濤編譯	120元
54女推銷員成功術	李玉瓊編譯	130元
55ＩＢＭ人才培育術	鐘文訓編譯	100元
56企業人自我突破法	黃琪輝編著	150元
58財富開發術	蔡弘文編著	130元
59成功的店舖設計	鐘文訓編著	150元
61企管回春法	蔡弘文編著	130元
62小企業經營指南	鐘文訓編譯	100元
63商場致勝名言	鐘文訓編譯	150元
64迎接商業新時代	廖松濤編譯	100元
66新手股票投資入門	何朝乾　編	200元
67上揚股與下跌股	何朝乾編譯	180元
68股票速成學	何朝乾編譯	200元
69理財與股票投資策略	黃俊豪編著	180元
70黃金投資策略	黃俊豪編著	180元
71厚黑管理學	廖松濤編譯	180元
72股市致勝格言	呂梅莎編譯	180元
73透視西武集團	林谷燁編譯	150元
76巡迴行銷術	陳蒼杰譯	150元
77推銷的魔術	王嘉誠譯	120元
7860秒指導部屬	周蓮芬編譯	150元
79精銳女推銷員特訓	李玉瓊編譯	130元
80企劃、提案、報告圖表的技巧	鄭　汶　譯	180元
81海外不動產投資	許達守編譯	150元
82八百伴的世界策略	李玉瓊譯	150元
83服務業品質管理	吳宜芬譯	180元
84零庫存銷售	黃東謙編譯	150元
85三分鐘推銷管理	劉名揚編譯	150元

⑯推銷大王奮鬥史　原一平著　150元
⑰豐田汽車的生產管理　林谷燁編譯　150元

・成功寶庫・電腦編號02

①上班族交際術　江森滋著　100元
②拍馬屁訣竅　廖玉山編譯　110元
④聽話的藝術　歐陽輝編譯　110元
⑨求職轉業成功術　陳　義編著　110元
⑩上班族禮儀　廖玉山編著　120元
⑪接近心理學　李玉瓊編著　100元
⑫創造自信的新人生　廖松濤編著　120元
⑭上班族如何出人頭地　廖松濤編著　100元
⑮神奇瞬間瞑想法　廖松濤編譯　100元
⑯人生成功之鑰　楊意苓編著　150元
⑲給企業人的諍言　鐘文訓編著　120元
⑳企業家自律訓練法　陳　義編譯　100元
㉑上班族妖怪學　廖松濤編著　100元
㉒猶太人縱橫世界的奇蹟　孟佑政編著　110元
㉓訪問推銷術　黃静香編著　130元
㉕你是上班族中強者　嚴思圖編著　100元
㉖向失敗挑戰　黃静香編著　100元
㉚成功頓悟100則　蕭京凌編譯　130元
㉛掌握好運100則　蕭京凌編譯　110元
㉜知性幽默　李玉瓊編譯　130元
㉝熟記對方絕招　黃静香編譯　100元
㉞男性成功秘訣　陳蒼杰編譯　130元
㊱業務員成功秘方　李玉瓊編著　120元
㊲察言觀色的技巧　劉華亭編著　180元
㊳一流領導力　施義彥編譯　120元
㊴一流說服力　李玉瓊編著　130元
㊵30秒鐘推銷術　廖松濤編譯　150元
㊶猶太成功商法　周蓮芬編譯　120元
㊷尖端時代行銷策略　陳蒼杰編著　100元
㊸顧客管理學　廖松濤編著　100元
㊹如何使對方說Yes　程　羲編著　150元
㊺如何提高工作效率　劉華亭編著　150元
㊼上班族口才學　楊鴻儒譯　120元
㊽上班族新鮮人須知　程　羲編著　120元
㊾如何左右逢源　程　羲編著　130元
㊿語言的心理戰　多湖輝著　130元

㉛扣人心弦演說術	劉名揚編著	120元
㉝如何增進記憶力、集中力	廖松濤譯	130元
㉟性惡企業管理學	陳蒼杰譯	130元
㊱自我啟發200招	楊鴻儒編著	150元
㊲做個傑出女職員	劉名揚編著	130元
㊳靈活的集團營運術	楊鴻儒編著	120元
㊵個案研究活用法	楊鴻儒編著	130元
㊶企業教育訓練遊戲	楊鴻儒編著	120元
㊷管理者的智慧	程　義編譯	130元
㊸做個佼佼管理者	馬筱莉編譯	130元
㊹智慧型說話技巧	沈永嘉編譯	130元
㊻活用佛學於經營	松濤弘道著	150元
㊼活用禪學於企業	柯素娥編譯	130元
㊽詭辯的智慧	沈永嘉編譯	150元
㊾幽默詭辯術	廖玉山編譯	150元
㊿拿破崙智慧箴言	柯素娥編譯	130元
71自我培育・超越	蕭京凌編譯	150元
74時間即一切	沈永嘉編譯	130元
75自我脫胎換骨	柯素娥譯	150元
76贏在起跑點—人才培育鐵則	楊鴻儒編譯	150元
77做一枚活棋	李玉瓊編譯	130元
78面試成功戰略	柯素娥編譯	130元
79自我介紹與社交禮儀	柯素娥編譯	150元
80說NO的技巧	廖玉山編譯	130元
81瞬間攻破心防法	廖玉山編譯	120元
82改變一生的名言	李玉瓊編譯	130元
83性格性向創前程	楊鴻儒編譯	130元
84訪問行銷新竅門	廖玉山編譯	150元
85無所不達的推銷話術	李玉瓊編譯	150元

・處世智慧・電腦編號 03

①如何改變你自己	陸明編譯	120元
⑥靈感成功術	譚繼山編譯	80元
⑧扭轉一生的五分鐘	黃柏松編譯	100元
⑩現代人的詭計	林振輝譯	100元
⑫如何利用你的時間	蘇遠謀譯	80元
⑬口才必勝術	黃柏松編譯	120元
⑭女性的智慧	譚繼山編譯	90元
⑮如何突破孤獨	張文志編譯	80元
⑯人生的體驗	陸明編譯	80元

⑰微笑社交術	張芳明譯	90元
⑱幽默吹牛術	金子登著	90元
⑲攻心說服術	多湖輝著	100元
⑳當機立斷	陸明編譯	70元
㉑勝利者的戰略	宋恩臨編譯	80元
㉒如何交朋友	安紀芳編著	70元
㉓鬥智奇謀（諸葛孔明兵法）	陳炳崑著	70元
㉔慧心良言	亦　奇著	80元
㉕名家慧語	蔡逸鴻主編	90元
㉗稱霸者啟示金言	黃柏松編譯	90元
㉘如何發揮你的潛能	陸明編譯	90元
㉙女人身態語言學	李常傳譯	130元
㉚摸透女人心	張文志譯	90元
㉛現代戀愛秘訣	王家成譯	70元
㉜給女人的悄悄話	妮倩編譯	90元
㉞如何開拓快樂人生	陸明編譯	90元
㉟驚人時間活用法	鐘文訓譯	80元
㊱成功的捷徑	鐘文訓譯	70元
㊲幽默逗笑術	林振輝著	120元
㊳活用血型讀書法	陳炳崑譯	80元
㊴心　燈	葉于模著	100元
㊵當心受騙	林顯茂譯	90元
㊶心・體・命運	蘇燕謀譯	70元
㊷如何使頭腦更敏銳	陸明編譯	70元
㊸宮本武藏五輪書金言錄	宮本武藏著	100元
㊺勇者的智慧	黃柏松編譯	80元
㊼成熟的愛	林振輝譯	120元
㊽現代女性駕馭術	蔡德華著	90元
㊾禁忌遊戲	酒井潔著	90元
52摸透男人心	劉華亭編譯	80元
53如何達成願望	謝世輝著	90元
54創造奇蹟的「想念法」	謝世輝著	90元
55創造成功奇蹟	謝世輝著	90元
57幻想與成功	廖松濤譯	80元
58反派角色的啟示	廖松濤編譯	70元
59現代女性須知	劉華亭編著	75元
62如何突破內向	姜倩怡編譯	110元
64讀心術入門	王家成編譯	100元
65如何解除內心壓力	林美羽編著	110元
66取信於人的技巧	多湖輝著	110元
67如何培養堅強的自我	林美羽編著	90元

⑱自我能力的開拓	卓一凡編著	110元
⑳縱橫交涉術	嚴思圖編著	90元
㉑如何培養妳的魅力	劉文珊編著	90元
㉒魅力的力量	姜倩怡編著	90元
㉕個性膽怯者的成功術	廖松濤編譯	100元
㉖人性的光輝	文可式編著	90元
㉙培養靈敏頭腦秘訣	廖玉山編著	90元
⑳夜晚心理術	鄭秀美編譯	80元
㉛如何做個成熟的女性	李玉瓊編著	80元
㉜現代女性成功術	劉文珊編著	90元
㉝成功說話技巧	梁惠珠編譯	100元
㉞人生的真諦	鐘文訓編譯	100元
㉟妳是人見人愛的女孩	廖松濤編著	120元
㊲指尖・頭腦體操	蕭京凌編譯	90元
㊳電話應對禮儀	蕭京凌編著	120元
㊴自我表現的威力	廖松濤編譯	100元
㊵名人名語啟示錄	喬家楓編著	100元
㊶男與女的哲思	程鐘梅編譯	110元
㊷靈思慧語	牧　風著	110元
㊸心靈夜語	牧　風著	100元
㊹激盪腦力訓練	廖松濤編譯	100元
㊺三分鐘頭腦活性法	廖玉山編譯	110元
㊻星期一的智慧	廖玉山編譯	100元
㊼溝通說服術	賴文琇編譯	100元

•健康與美容•電腦編號04

③媚酒傳（中國王朝秘酒）	陸明主編	120元
⑤中國回春健康術	蔡一藩著	100元
⑥奇蹟的斷食療法	蘇燕謀譯	130元
⑧健美食物法	陳炳崑譯	120元
⑨驚異的漢方療法	唐龍編著	90元
⑩不老強精食	唐龍編著	100元
⑫五分鐘跳繩健身法	蘇明達譯	100元
⑬睡眠健康法	王家成譯	80元
⑭你就是名醫	張芳明譯	90元
⑮如何保護你的眼睛	蘇燕謀譯	70元
⑲釋迦長壽健康法	譚繼山譯	90元
⑳腳部按摩健康法	譚繼山譯	120元
㉑自律健康法	蘇明達譯	90元
㉓身心保健座右銘	張仁福著	160元

㉔腦中風家庭看護與運動治療	林振輝譯	100元
㉕秘傳醫學人相術	成玉主編	120元
㉖導引術入門(1)治療慢性病	成玉主編	110元
㉗導引術入門(2)健康・美容	成玉主編	110元
㉘導引術入門(3)身心健康法	成玉主編	110元
㉙妙用靈藥・蘆薈	李常傳譯	150元
㉚萬病回春百科	吳通華著	150元
㉛初次懷孕的10個月	成玉編譯	130元
㉜中國秘傳氣功治百病	陳炳崑編譯	130元
㉟仙人長生不老學	陸明編譯	100元
㊱釋迦秘傳米粒刺激法	鐘文訓譯	120元
㊲痔・治療與預防	陸明編譯	130元
㊳自我防身絕技	陳炳崑編譯	120元
㊴運動不足時疲勞消除法	廖松濤譯	110元
㊵三溫暖健康法	鐘文訓編譯	90元
㊸維他命與健康	鐘文訓譯	150元
㊺森林浴—綠的健康法	劉華亭編譯	80元
㊼導引術入門(4)酒浴健康法	成玉主編	90元
㊽導引術入門(5)不老回春法	成玉主編	90元
㊾山白竹（劍竹）健康法	鐘文訓譯	90元
㊿解救你的心臟	鐘文訓編譯	100元
⑤①牙齒保健法	廖玉山譯	90元
⑤②超人氣功法	陸明編譯	110元
⑤④借力的奇蹟(1)	力拔山著	100元
⑤⑤借力的奇蹟(2)	力拔山著	100元
⑤⑥五分鐘小睡健康法	呂添發撰	120元
⑤⑦禿髮、白髮預防與治療	陳炳崑撰	120元
⑤⑨艾草健康法	張汝明編譯	90元
⑥⓪一分鐘健康診斷	蕭京凌編譯	90元
⑥①念術入門	黃靜香編譯	90元
⑥②念術健康法	黃靜香編譯	90元
⑥③健身回春法	梁惠珠編譯	100元
⑥④姿勢養生法	黃秀娟編譯	90元
⑥⑤仙人瞑想法	鐘文訓譯	120元
⑥⑥人蔘的神效	林慶旺譯	100元
⑥⑦奇穴治百病	吳通華著	120元
⑥⑧中國傳統健康法	靳海東著	100元
⑦①酵素健康法	楊　皓編譯	120元
⑦③腰痛預防與治療	五味雅吉著	130元
⑦④如何預防心臟病・腦中風	譚定長等著	100元
⑦⑤少女的生理秘密	蕭京凌譯	120元

⑯頭部按摩與針灸	楊鴻儒譯	100元
⑰雙極療術入門	林聖道著	100元
⑱氣功自療法	梁景蓮著	120元
⑲大蒜健康法	李玉瓊編譯	100元
⑧健胸美容秘訣	黃靜香譯	120元
⑧鍺奇蹟療效	林宏儒譯	120元
⑧三分鐘健身運動	廖玉山譯	120元
⑧尿療法的奇蹟	廖玉山譯	120元
⑧神奇的聚積療法	廖玉山譯	120元
⑧預防運動傷害伸展體操	楊鴻儒編譯	120元
⑧五日就能改變你	柯素娥譯	110元
⑧三分鐘氣功健康法	陳美華譯	120元
⑨道家氣功術	早島正雄著	130元
⑨氣功減肥術	早島正雄著	120元
⑨超能力氣功法	柯素娥譯	130元
⑨氣的瞑想法	早島正雄著	120元

•家庭／生活• 電腦編號 05

①單身女郎生活經驗談	廖玉山編著	100元
②血型•人際關係	黃静編著	120元
③血型•妻子	黃静編著	110元
④血型•丈夫	廖玉山編譯	130元
⑤血型•升學考試	沈永嘉編譯	120元
⑥血型•臉型•愛情	鐘文訓編譯	120元
⑦現代社交須知	廖松濤編譯	100元
⑧簡易家庭按摩	鐘文訓編譯	150元
⑨圖解家庭看護	廖玉山編譯	120元
⑩生男育女隨心所欲	岡正基編著	160元
⑪家庭急救治療法	鐘文訓編著	100元
⑫新孕婦體操	林曉鐘譯	120元
⑬從食物改變個性	廖玉山編譯	100元
⑭藥草的自然療法	東城百合子著	200元
⑮糙米菜食與健康料理	東城百合子著	180元
⑯現代人的婚姻危機	黃　静編著	90元
⑰親子遊戲　0歲	林慶旺編譯	100元
⑱親子遊戲　1～2歲	林慶旺編譯	110元
⑲親子遊戲　3歲	林慶旺編譯	100元
⑳女性醫學新知	林曉鐘編譯	130元
㉑媽媽與嬰兒	張汝明編譯	180元
㉒生活智慧百科	黃　静編譯	100元

㉓手相・健康・你	林曉鐘編譯	120元
㉔菜食與健康	張汝明編譯	110元
㉕家庭素食料理	陳東達著	140元
㉖性能力活用秘法	米開・尼里著	150元
㉗兩性之間	林慶旺編譯	120元
㉘性感經穴健康法	蕭京凌編譯	150元
㉙幼兒推拿健康法	蕭京凌編譯	100元
㉚談中國料理	丁秀山編著	100元
㉛舌技入門	增田豐　著	160元
㉜預防癌症的飲食法	黃靜香編譯	150元
㉝性與健康寶典	黃靜香編譯	180元
㉞正確避孕法	蕭京凌編譯	130元
㉟吃的更漂亮美容食譜	楊萬里著	120元
㊱圖解交際舞速成	鐘文訓編譯	150元
㊲觀相導引術	沈永嘉譯	130元
㊳初為人母12個月	陳義譯	180元
㊴圖解麻將入門	顧安行編譯	160元
㊵麻將必勝秘訣	石利夫編譯	160元
㊶女性一生與漢方	蕭京凌編譯	100元
㊷家電的使用與修護	鐘文訓編譯	160元
㊸錯誤的家庭醫療法	鐘文訓編譯	100元
㊹簡易防身術	陳慧珍編譯	150元
㊺茶健康法	鐘文訓編譯	130元
㊻雞尾酒大全	劉雪卿譯	180元
㊼生活的藝術	沈永嘉編著	120元
㊽雜草雜果健康法	沈永嘉編著	120元
㊾如何選擇理想妻子	荒谷慈著	110元
㊿如何選擇理想丈夫	荒谷慈著	110元
51中國食與性的智慧	根本光人著	150元
52開運法話	陳宏男譯	100元
53禪語經典＜上＞	平田精耕著	150元
54禪語經典＜下＞	平田精耕著	150元
55手掌按摩健康法	鐘文訓譯	180元
56脚底按摩健康法	鐘文訓譯	150元
57仙道運氣健身法	李玉瓊譯	150元
58健心、健體呼吸法	蕭京凌譯	120元
59自彊術入門	蕭京凌譯	120元
60指技入門	增田豐著	160元
61下半身鍛鍊法	增田豐著	180元
62表象式學舞法	黃靜香編譯	180元
63圖解家庭瑜伽	鐘文訓譯	130元

64食物治療寶典	黃靜香編譯	130元
65智障兒保育入門	楊鴻儒譯	130元
66自閉兒童指導入門	楊鴻儒譯	180元
67乳癌發現與治療	黃靜香譯	130元
68盆栽培養與欣賞	廖啟新編譯	180元
69世界手語入門	蕭京凌編譯	180元
70賽馬必勝法	李錦雀編譯	200元
71中藥健康粥	蕭京凌編譯	120元
72健康食品指南	劉文珊編譯	130元
73健康長壽飲食法	鐘文訓編譯	150元
74夜生活規則	增田豐著	160元
75自製家庭食品	鐘文訓編譯	200元
76仙道帝王招財術	廖玉山譯	130元
77「氣」的蓄財術	劉名揚譯	130元
78佛教健康法入門	劉名揚譯	130元
79男女健康醫學	郭汝蘭譯	150元
80成功的果樹培育法	張煌編譯	130元
81實用家庭菜園	孔翔儀編譯	130元
82氣與中國飲食法	柯素娥編譯	130元
83世界生活趣譚	林其英著	160元
84胎教二八〇天	鄭淑美譯	180元
85酒自己動手釀	柯素娥編著	160元
86自己動「手」健康法	手嶋昇著	160元
87香味活用法	森田洋子著	160元
88寰宇趣聞搜奇	林其英著	200元
89手指回旋健康法	栗田昌裕著	200元
90家庭巧妙收藏	蘇秀玉譯	200元

•命理與預言•電腦編號06

①星座算命術	張文志譯	120元
②中國式面相學入門	蕭京凌編著	180元
③圖解命運學	陸明編著	200元
④中國秘傳面相術	陳炳崑編著	110元
⑤13星座占星術	馬克•矢崎著	200元
⑥命名彙典	水雲居士編著	180元
⑦簡明紫微斗術命運學	唐龍編著	130元
⑧住宅風水吉凶判斷法	琪輝編譯	180元
⑨鬼谷算命秘術	鬼谷子著	200元
⑩密教開運咒法	中岡俊哉著	250元
⑪女性星魂術	岩滿羅門著	200元

⑫簡明四柱推命學	李常傳編譯	150元
⑬手相鑑定奧秘	高山東明著	200元
⑭簡易精確手相	高山東明著	200元
⑮啟示錄中的世界末日	蘇燕謀編譯	80元
⑯女巫的咒法	柯素娥譯	230元
⑰六星命運占卜學	馬文莉編著	230元
⑱樸克牌占卜入門	王家成譯	100元
⑲Ａ血型與十二生肖	鄒雲英編譯	90元
⑳Ｂ血型與十二生肖	鄒雲英編譯	90元
㉑Ｏ血型與十二生肖	鄒雲英編譯	100元
㉒ＡＢ血型與十二生肖	鄒雲英編譯	90元
㉓筆跡占卜學	周子敬著	220元
㉔神秘消失的人類	林達中譯	80元
㉕世界之謎與怪談	陳炳崑譯	80元
㉖符咒術入門	柳玉山人編	150元
㉗神奇的白符咒	柳玉山人編	160元
㉘神奇的紫符咒	柳玉山人編	200元
㉙秘咒魔法開運術	吳慧鈴編譯	180元
㉚諾米空秘咒法	馬克・矢崎著	220元
㉛改變命運的手相術	鐘文訓編著	120元
㉜黃帝手相占術	鮑黎明著	230元
㉝惡魔的咒法	杜美芳譯	230元
㉞脚相開運術	王瑞禎譯	130元
㉟面相開運術	許麗玲譯	150元
㊱房屋風水與運勢	邱震睿編譯	160元
㊲商店風水與運勢	邱震睿編譯	200元
㊳諸葛流天文遁甲	巫立華譯	150元
㊴聖帝五龍占術	廖玉山譯	180元
㊵萬能神算	張助馨編著	120元
㊶神秘的前世占卜	劉名揚譯	150元
㊷諸葛流奇門遁甲	巫立華譯	150元
㊸諸葛流四柱推命	巫立華譯	180元
㊹室內擺設創好運	小林祥晃著	200元
㊺室內裝潢開運法	小林祥晃著	230元
㊻新・大開運吉方位	小林祥晃著	200元
㊼風水的奧義	小林祥晃著	200元
㊽開運風水收藏術	小林祥晃著	200元
㊾商場開運風水術	小林祥晃著	200元

國家圖書館出版品預行編目資料

拆穿女性謊言88招／島田一男著，吳秋嬌譯
一初版，一臺北市，大展，民86
201面；　　公分，一（實用女性學講座；7）
譯自：女のウソの見抜き方
ISBN 957-557-720-5（平裝）

1. 婦女-心理方面

173.4　　86006059

原書名：女のウソの見抜き方

原著作者：島田一男

原出版社：株式会社　ごま書房

版權仲介：宏儒企業有限公司

拆穿女性謊言88招　ISBN 957-557-720-5

原著者／島田一男
編譯者／吳 秋 嬌
發行人／蔡 森 明
出版者／大展出版社有限公司
社　址／台北市北投區（石牌）致遠一路二段12巷1號
電　話／(02) 8236031・8236033
傳　眞／(02) 8272069
郵政劃撥／0166955－1
登記證／局版臺業字第2171號
承印者／國順圖書印刷公司
裝　訂／嶸興裝訂有限公司
排版者／千兵企業有限公司
電　話／(02) 8812643
初版1刷／1997年（民86年）6月

定　價／200元

大展好書 好書大展